저도 난민은
처음입니다만

박진숙

목차

3 장 . 몰라서 용감하게 : 에코팜므가 살아남는 방식

특별부록 : < 모자이크 아트스쿨 > 스페셜 클래스 이야기

부록

프롤로그

고양시 일산 어느 뒷골목의 세탁소 옆에서 자그마한 사무실을 빌려 에코팜므를 시작한 지 딱 10년째다. 결혼하고 10년 동안 두 아이 키우며 공부한 것 말고는, 그 흔한 직장 경험도 없던 서른여섯 살 아줌마가 엄청난 도전을 한 셈이었다. 강원도 양양에서 2년 반 동안 공동체 생활을 한 적은 있지만, 9 to 6로 상사의 눈치를 받아가며 워킹맘 미생으로 산 경험은 전혀 없었다.

'무식하면 용감하다'는 말이 딱 들어맞는 무모한 도전이었다. 사실 처음에 시작할 때는 2-3년 애써 보다가 아무 성과도 거두지 못 하면 조용히 접어야지, 하는 생각이었다. 인생이 마음 먹은 대로 풀리지 않듯이, 창립한 해에 전국 소셜벤처경연대회 우수상을 거머쥐면서 이야기가 단편에서 장편으로 바뀌어 버렸다.

너무 들뜬 나머지 홍대에 덜컥 매장을 내는 바람에 인생의 쓴 맛을 제대로 맛보아야 했었다. '좋은 일이라도 해서 항상 잘 되지는 않는다'는 교훈을 배우느라 비싼 수업료를 치른 셈이었다.

언론 인터뷰를 할 때면 기자들이 꼭 묻곤 한다.

"에코팜므를 하면서 가장 힘들었을 때와 가장 보람 있었을 때가 언제인가요?"

곰곰이 생각해 보니, 가장 힘들었을 때는 에코팜므를 통해 이루고자 하는 바를 난민을 비롯한 이주 여성들이 몰라줄 때였다. 반대로 가장 보람 있었을 때도 그들이 나의 마음을 알아 줄 때다. 내 마음을 귀신같이 알아줄 때 몸에 전율이 흐르면서 신바람이 절로 나곤 했다.

10년 동안 거둔 성과 중에 단연 달고 실한 열매는 콩고 난민여성 미야Miyah라고 하겠다. 경험도 없는 어리바리한 대표로 초반에 허둥지둥하며 괜한 책임감으로 괴로워할 할 때 미야는 이렇게 말해 주었다.

"나비(에코팜므에서는 서로를 별명으로 부른다), 에코팜므가 내 모든 문제를 해결해 줄 수 없어요. 당연히 저도 에코팜므의 문제를 전부 해결해 줄 수 없죠. 그러니 우리 서로 할 수 있는 만큼만 하기로 해요."

어깨를 짓누르던 무거운 돌덩이가 바닥으로 굴러 떨어지는 느낌이었다. 그 후로 서로 할 수 있는 만큼만 최선을 다하고자 마음먹고, 에코팜므가 잘하는 일에 집중하기로 했다. 난민을 비롯한 이주여성들의 문화적 재능을 발굴해서 아티스트나 세계시민교육 강사로 양성하는 일이 그것이었다.

어떤 이는 냉소적으로 지적할지도 모르겠다. 먹고 살기도 힘든 난민들이 무슨 예술씩이나 하냐고. 에코팜므가 지향하는 예술은 치유를 이끌어 낸다. 자기를 돌아보고 숨겨 놓았던 마음을 그림으로 표현하면서, 많은 이주 여성들이 자존감을 회복하는 모습을 지켜보았다.

'아무 것도 안 하는 것보다 낫다'는 마음으로 10년을 걸어온 지금, 누구도 흉내 내기 힘든 에코팜므만의 영역이 생겼다. 앞으로 펼쳐질 이야기들을 통해 그 생생한 여정에 함께하시기를.

1 장
난민은 내 운명 :
선생님에서 친구 , 다시 동료로

대학과 대학원에서 불어를 전공할 때만 해도 아프리카 불어권에서 온 난민들과 일하리라고는 상상도 하지 못했다. 기껏해야 프랑스에 가서 영화미학을 전공하고 와서 영화평론가겸 문화학과 교수가 되는 포부를 품었을 뿐이었다.

2006년, 첫 번째 석사를 마치고 6년을 놀다가 가족학 석사에 다시 도전했을 때는 생태가족놀이연구소를 세우는 것으로 꿈을 바꾸었더랬다. 네 명의 콩고 난민 여성들을 만나 한글 선생 노릇을 시작하면서 다시 인생이 꼬여 버렸다.

처음에는 난민 '때문에' 인생이 힘들어졌다고 불평을 했지만, 이내 난민 '덕분에' 내 인생이 파란만장, 다양해졌다고 고백하게 되었다. 다음은 내가 난민과 더불어 인생 역전한 이야기이다.

그림 _ 6월의 마로니에 공원에 핀 싱그러운 풀들. 2006년, 미야를 처음 만난 날이다. by Layeon

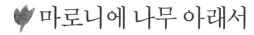마로니에 나무 아래서

초여름 햇살이 등짝을 따끈하게 달구던 2006년 6월의 어느 일요일 오후였다. '세계 난민의 날'을 맞이하여 대학로를 행진하다 더위에 질려 마로니에 공원 어귀의 나무 그늘을 찾았다. 난민이 뭔지도 모르는 상태에서 남편에게 끌려나오다시피 한 터라 다리가 더 무거웠나 보다. 일곱 살짜리 딸과 네 살짜리 아들의 얼굴에도 짜증이 올라오기 시작한 참이었다.

일행과 떨어져 한 숨 돌린 후에 주위를 둘러보니 옆 벤치에 웬 아프리카 여성이 나무 그늘에 의지해 더위를 식히고 있었다. 언뜻 보아도 만삭임을 알아차릴 수 있을 정도로 배가 불룩했다.

'Refugee Welcome'이라고 쓰인 노랑 풍선을 손에 꼭 쥐고 있는 걸 보니 같은 무리임이 분명했다. '이 더위에 만삭의 몸으로 캠페인이라니.' 뭔가 사연이 있어 보였다.

"헬로, 웨어 아유 프롬?"
"오, 하이. 아임 프롬 콩고."
"콩고? 부 빠흘레 프랑세?
(콩고에서 왔다구요? 그럼 불어 하세요?)"

"위, 비엥 쉬흐. (그럼요. 물론이죠)"

이미 콩고에서 온 난민 욤비 씨를 남편이 집에 몇 번 데려왔던 터라 왠지 반가웠다. 2000년에 대학원을 졸업한 후로 6년 만에 불어를 입 밖으로 꺼내려니 민망했지만 말이 통하니 신기했다. 아프리카 콩고에서 온 여성과 불어로 대화할 줄은 꿈에도 생각지 못했으니까.

"아기를 가졌나 봐요. 몇 개월이에요?"
쉬운 단어들을 끌어모아 좀 더 친분을 쌓으려고 했다.
"아 네, 8개월이에요. 휴, 힘드네요."
"그렇죠. 저도 첫 애를 여름에 낳아서 잘 알아요."

이름이 미야라고 했다. 겨우겨우 몇 마디 더 주고받은 후에 대화를 마무리 지을 요량으로 핸드폰 번호를 교환했다. 무리와 너무 거리가 벌어지는 것도 안 좋겠다 싶어 '다음에 연락해요'라고 인사치레를 한 후에 아이들의 손을 이끌었다.

그때는 정말 몰랐다. 1년 후에 한글 교실에서 떡하니 선생님과 제자로 마주칠 줄은.

박 마담이 아니라 마담 박

6년 만에 불문학에서 아동가족학으로 전공을 바꿔 대학원 공부를 하느라 주중에는 생존 모드에 가까웠다. 남편도 사법연수원을 막 졸업하고 작은 로펌에 들어간 터라 매일같이 새벽별 보고 나갔다 오밤중에 들어오는 일상을 반복했다.

2007년 들어 대학원 생활이 힘겹기는 해도 주말에는 꼼짝없이 애들하고 시간을 보내야 하는 터라 남편이 집에 좀 붙어 있으면 좋으련만, 토요일 아침만 되면 남편은 똥 마려운 강아지마냥 내 눈치를 살폈다. 이유인즉, 토요일 오전에 〈피난처〉라는 난민 지원 단체에서 하는 난민연구모임에 가고 싶은 것이었다.

"여보, 이번 주만 가면 안 될까? 다음 주말에는 내가 꼭 애들하고 하루 종일 놀아줄게."

초짜 변호사라 가뜩이나 주중에도 내내 일에 시달려 애들 자는 모습밖에 못 보는 양반의 입에서 나올 소리는 아니었다. 내가 도끼눈을 치켜뜨며 '어딜 감히'라고 레이저를 쏘아 보내면 그 주 토요일에 남편은 난민연구모임을 포기해야 했다. 그러다가 다음 주에 아이들이 아프지도 않고 수월하게 일주일을 보냈기도 하고, 그

전 주에 못 가게 한 게 미안해 은혜로운 목소리로, "그래, 여보 다녀와요" 하면 남편은 숨겨 놓았던 날개라도 펼치듯 쏜살같이 달려나갔다.

의문이 들었다. '저렇게도 난민 연구가 좋을까? 대체 거기 뭐가 있길래. 난민이 도대체 뭐길래.' 내내 일에 시달리고도 저렇게 열심을 내는 걸 보면 심상치 않은 뭔가가 숨어 있는 것 같았다. 눈치 안 보고 마음 편하게 다니게 할까 싶다가도, 공부하랴 아이들 키우랴, 에너지 고갈에 시달리며 주말만 바라보고 사는 형편에 주제넘게 착한 여자 노릇을 할 여유가 없었다. 주말마다 마음이 시계추처럼 극과 극을 오락가락 했다. '보내줄까, 말까.'

4월 초였다. 바싹 마른 나뭇가지에 새순이 돋아나고 동네 뒷산에 진달래가 흐드러지게 피자 마음이 말랑말랑해졌다.

"여보, 콩고 난민 엄마들이 한글을 배우고 싶어한대. 여보가 선생님으로 딱이지 않아?"

남편이 훅 치고 들어왔다. 이게 웬 고단수지 싶었다.

"무슨 내가 한글선생님을. 말도 안 되는 소리야. 불어에서 손

뗀 지가 오백 년인데. 못 해요."

내가 강경하게 말을 자르자 남편은 일단 후퇴하고 며칠 동안 잠잠하더니 지원군을 불러왔다.

"진숙 씨, 한글반 선생님 좀 맡아줘요. 엄마들이 열심이 대단해요. 꼭 배우고 싶다는데 마땅한 선생님이 없네요."

난민 지원단체인 〈피난처〉의 이호택 대표님이었다. 간절함이 문장마다 뚝뚝 떨어졌으나 이번에도 역시 나는 단호하게 거절했다.

"저는 못 해요. 다른 분 찾아보세요."

남편과 이호택 대표님의 협공에 난공불락 요새 같던 마음이 슬슬 누그러지면서, '한 번 해볼까' 싶어졌다. 사실 자신이 없었던 것이다. 불문과 대학원까지 나와 떡하니 석사학위증도 받았건만, 불어를 글로만 배운 터라 말에는 자신이 없었더랬다. 첫 시간에 불어 실력이 들통 날 게 불 보듯 뻔했다.

2007년 4월 말의 어느 토요일, 드디어 결전의 날이 다가오고야 말았다. 아침부터 소득 없이 화장실을 들락거렸다. 흡사 백 미터 경주를 앞둔 초등학생 시절로 돌아간 느낌이었다. 달리기에 소질

이 없던 나는 운동회 날 백 미터 달리기 순서가 다가오면 하릴없이 배가 아파왔다. 어떻게든 뛰지 않을 구실을 만들고 싶었던 것이었다. 결국 어김없이 화약총 소리에 화들짝 놀라 한 발 늦게 출발했고, 네 명 중 꼴찌로 들어오곤 했다.

첫 수업은 흡사 악몽 같았다. 너무 긴장해서 무슨 말을 어떻게 내뱉었는지, 한 시간이 어떻게 갔는지 모를 지경이었다. 콩고 여성 네 명이 나란히 앉아서 유난히 하얀 흰자위 덕분에 더욱 까만 눈동자로 나를 바라보았다. 할리우드 영화에서나 보던 아프리카 사람을 숨이 닿을 만한 거리에서 보기는 그날이 처음이었다. 피부색이 정말 까맸다. 피부 결이 반짝일 정도로 좋아서 더욱 검어 보이기도 했다. 새하얀 흰자위와 치아와 손바닥이 새까만 피부와 극명한 대조를 이루었다.

첫인상은 '무서웠다.' 나에게 배우겠다고 온 사람들인데다 양처럼 순수한 눈으로 바라보는데도 덜컥 겁이 났다. 두려움의 근원은 두 가지였을 터이다. 하나, 나와 너무 달라서 그냥 무섭다. 둘, 선생님 노릇을 과연 제대로 할 수 있을까.

속으로는 오들오들 떨면서도 겉으로는 태연한 척, 기초 불어회화에서 배운 대로 자기 소개를 했다.

"쥬 마뺄르 진숙 박(저는 박진숙이라고 합니다.)"

"아, 마담 박."

콩고 여성들은 대번에 성 앞에 '마담'을 붙이며 나를 마담 박으로 자리매김 시키더니 미야, 자끌린느, 줄리에뜨, 엘린느(모두 가명)이라고 각자 자기 이름을 알려주었다. 나중에 알고 보니 불어에서 마담은 여자를 높여 부르는 말이라고 했다. 한국에서 마담은 보통 술집을 운영하는 다소 호기롭고 색기 있는 여성을 뜻하는지라, 처음에는 마담 박이 그리 달갑지 않았다. 박 마담이 아니라 마담 박이니 다행 아닌가, 속으로 한동안 되뇌었다.

 우린 믹스커피 안 마셔요

한글수업을 10시부터 시작하기로 한 걸 다들 알고 있었지만, 한 번도 10시에 시작한 적이 없었다. 콩고 여성들은 으레 30분 늦게 도착했다. 일산에서 차로 한 시간 거리를 달려 부랴부랴 10시에 도착하면 공부방에는 아무도 없었다. 그도 그럴 것이 안산이나 시흥에서 버스타고, 지하철 갈아타고 두 시간 넘게 와야 하니 제시간에 오기가 쉽지 않았을 터였다. 게다가 아이들 안고 업고, 배에 하나 넣고 와야 하니 속도가 날 리 만무했다. 제 시간에 나타나면 서운한 아프리칸 타임도 한 몫 거들었다.

먼저 도착하면 나는 꼭 두 가지를 챙겼다. 인원수대로 방석을 깔고 믹스커피를 타는 일이었다. 〈피난처〉에는 공간이 없어 옆 교회 골방을 빌려 쓰는 형편이라 이것저것 따질 만큼 여유롭지 못했다. 한국 사람들 모임에는 늘 믹스커피를 마시기 마련이니까 '대접한다'는 의미에서 콩고 엄마들이 대문으로 들어서면 물을 올리고 노랗고 길쭉한 커피 봉투를 뜯었다. 6개월쯤 지났을까. 서로 친해지자 줄리에뜨가 용기 내어 말을 꺼냈다.

"우린 믹스커피 안 마셔요. 방석도 사실 불편해요."

아… 얼굴이 후끈 달아올랐다. 내 나름대로 베푼 친절이 실은 강요였다니, 그걸 6개월이나 참고 있었다니.

"그래요? 일찍 좀 말하지 그랬어요?"

겸연쩍은 척 웃었지만 속은 돌을 집어삼킨 듯 무겁고 껄끄러웠다. 공간이 좁아 방석을 끝끝내 의자로 바꿀 수는 없었지만, 그 뒤로 마실 거리는 꼭 물어보고 타 주었다. 미야의 말에 따르면 의외로 아프리카인 중에 커피를 좋아하는 사람은 별로 없다고 했다. 오히려 차를 많이 마신다는 것이었다. 미리 물어봤더라면 6개월 동안 믹스커피 고문을 시키지 않았을 텐데, 어쩐지 반쯤 마시고 늘 남기는 게 이상하다 싶긴 했었다.

콩고 엄마들 중 미야와 자끌린느는 모범생이었다. 수업 시간에 집중력도 뛰어나고 숙제도 꼭 해왔다. 반면 싱글맘인 줄리에뜨는 항상 머리가 복잡한지 반쯤 정신이 딴 데 가 있곤 했다. 유럽에서 오래 생활한 덕분에 영어도 능통해서, 가끔 마땅한 불어 단어가 떠오르지 않을 때 '영어로 이 단어가 불어로는 뭐예요?'라고 물으면 그제야 눈에 불이 반짝 들어왔다. 돌이 채 안 된 둘째 키우랴,

산만한 첫째 키우랴 쉴 틈이 없는 엘린느도 매 수업마다 졸기 일 쑤였다. 어쩌다 안 조는 날은 불어를 잘 알아듣지 못해 옆에 있는 미야나 자끌린느가 링갈라어로 설명해 주어야 했다.

한글 수업이라고는 하는데 무려 네 개의 언어가 분주하게 날아 다녔다. 불어, 영어, 한국어, 링갈라어까지. 형편이 이러하니 진도 가 잘 나갈 리 만무했다. 얇은 초급 한글교재를 마치는 데에 꼬박 일 년이 걸렸다.

2008년 4월 초, 첫 교재의 마지막 장에 다다를 무렵이었다.
내가 흥분한 목소리로 물었다.
"다음 주에 책 마치잖아요. 우리 책거리 해야죠.
불어로 책거리가 뭐예요?"
"그런 단어 없어요."
불어로도 링갈라어로도 책거리는 실체가 없었다. 문화가 다르 니 존재하지 않는 단어도 있구나 싶었지만, 그렇다고 쉽게 포기 할 내가 아니었다. 음식을 마련해 작게라도 책거리를 하자고 고 집했다.

"책거리 때는 뭘 먹나요?"

"보통 떡을 먹죠."

"떡이요? 아유, 우리는 떡 별로예요.

우리가 콩고 음식을 준비할게요."

진득진득하고 이에 달라붙는 떡은 외국인에게 낯설고 불편한 음식이라는 사실을 그때 알았다. 머리털 나고 처음으로 콩고 음식을 먹어보는 것도 좋겠다 싶어, 기본 재료는 활동가들이 준비하고 콩고 엄마들은 각종 향신료와 마넉(카사바 잎을 말려 부순 것)을 준비해 오기로 했다.

일주일이 얼마나 더디 가던지, 다음 주 토요일 아침이 밝자마자 아이들과 남편을 재촉해 길을 나섰다. 그날따라 콩고 엄마들도 거의 제 시간에 등장했다. 덩치 큰 여성 넷이서 좁은 부엌에 꼭 들어차 음식을 만드느라 분주한 모습이 낯설었지만, 한편으로는 흐뭇했다. 한글 수업 때는 볼 수 없었던 적극성이 뿜어져 나왔다. 특히 늘 잠과 싸우던 엘린느가 제일 열심이었다. 네 명 중 제일 요리에 일가견이 있어 보였다. 눈에 생기가 넘치고 몸놀림에서도 자신감이 묻어 나왔다.

　스무 명이 넘는 활동가와 난민 친구들이 모두 먹고도 남을 만큼 푸짐한 음식이 차려졌다. 처음 먹는 콩고 음식이라 입에 안 맞으면 어쩌나 하는 기우가 무색하게 무척이나 맛있었다. 옥수수가루로 술빵처럼 만든 푸푸를 손으로 뜯어 마녁을 기본으로 고기를 넣은 뿐두에 찍어 먹으니 꿀맛이었다. 유럽식 토마토소스로 익힌 닭고기 요리 역시 다들 접시 바닥을 긁을 정도로 인기가 좋았다.
　뭔가 대접했다는 뿌듯함 덕분인지 콩고 엄마들의 얼굴에는 전에 보지 못했던 함박웃음이 피어올랐다.

캐롤리나의 금쪽같은 조언

찬바람이 소매 깃을 파고들기 시작한 2007년 12월, 좋은 기회를 얻어 캐나다 이주 관련 단체들의 연례회의에 참석했다. 오타와에서 열린 3박 4일의 회의는 축제와도 같았다. 어리바리한 국제회의 초짜를 위해 멘토링 서비스를 제공하는 것부터 시작해, 이라크 난민 문제, 청소년 난민 이슈, 이주여성의 리더십 등 다양하고도 세밀한 주제들을 다루는 회의들이 열려 큰 호텔 곳곳이 열기를 뿜어냈다.

그 중에서도 단연 내 귀와 눈을 사로잡은 것은 두 가지였다. 수단 출신으로 캐나다에 와서 박사학위를 하고 오타와에서 아프리카 이주여성을 위한 단체를 세운 여성은, 심지 곧은 목소리로 '이주여성도 리더가 될 수 있다'고 했다. 반드시 교수나 단체의 대표가 되어야 리더는 아니라고 했다. '유용한 정보를 퍼 나르는 동네 아줌마도 리더'라고 풀어 말했다.

나는 뒤통수를 한 대 얻어맞은 듯 멍해졌다. 여태 왜 그런 생각을 못했을까, 나랑 한글 공부하는 콩고 여성들도 꽤 똑똑한데…. 패러다임 전환이라는 게 이런 걸까 싶었다. 누군가의 도움을 받아야 하는 존재가 아니라 남을 이끄는 리더로 성장할 수 있겠구나, 뱃속 깊은 곳에서 뜨거운 무엇이 불끈 올라오는 느낌이었다.

그런데, 어떻게? 심장이 뜨거워짐과 동시에 머리에는 찬물이 한 바가지 쏟아졌다. 난민 인정도 못 받고, 심지어 언제 받을지 기약이 없는 상태인데다 정부 지원은 전혀 없어서 하루하루 생존모드로 사는 콩고 여성들이 무슨 수로, 어느 천 년에 리더가 된단 말인가! 때로 무기력하고 우울한 모습을 보이는 콩고 엄마들에게 일단 필요한 작업은 자존감을 높이는 일이 아니겠나 싶었다.

이런저런 생각에 머리가 복잡하고 가슴이 답답하던 차에, 회의장 바깥 복도에 전시한 유화 그림들과 마주쳤다. 물 길러 가는 어린 여자들의 춤사위를 묘사하는 것 같은 그림이 유독 눈길을 끌었다. 색감이나 형태가 독특하고 화려해 전문가의 솜씨가 분명하다고 생각하고 작품 타이틀을 본 순간, 수단 출신 이주여성의 작품이라는 설명이 보였다. 믿기지 않아 코를 들이대고 몇 번이나 다시 읽었다. 그림을 그리며 '치유'를 맛본다고 했다. '그림을 통한 치유'라는 표현이 전두엽에 어슴프레 새겨졌다.

몇 미터 더 가니, 수채화로 꽃을 한 송이씩 그린 카드를 1달러에 팔고 있었다. 정감 있는 그림들 역시 이주여성들의 솜씨라고 했다. 다소 서툴러 보이긴 했지만 1달러 값어치는 충분해 보였다. '아까 그 유화는 어렵겠지만 이 정도라면 할 수 있겠는걸'. 게다가 적지만 수입이 생기니 일석이조이니 단박에 이거다, 싶었다.

오타와에서 3박 4일 동안 회의와 전시, 워크숍으로 머리와 가슴을 꽉꽉 눌러 채운 후에 토론토로 이동했다. 회의 동안 만난 활동가들이 일하는 단체들을 방문하기 위해서였다. 한국에서 이메일과 전화로 여러 차례 연락했을 때에는 누구 하나 선뜻 오라고 하지 않더니, 회의에서 만나니까 다들 언제든 오라며 일사천리로 약속을 잡아 주었다.

네 군데의 기관 방문 중에 가장 인상적이었던 곳과 사람은 COSTI의 캐롤리나였다. 칠레에서 인권운동을 하다가 정치적인 박해가 심해지자 가족과 함께 캐나다로 망명한 난민 여성이었다. 지식인이었던 캐롤리나는 토론토에 오자마자 집단 거주시설에 사는, 영어가 서툰 이주 여성들에게 세탁기를 사용하는 방법을 알려주는 일부터 시작했다고 했다.

 난민을 비롯해 이주민들과 일할 때 원칙이 있느냐 물었더니, 캐
롤리나는 한 치의 주저함도 없이 두 가지를 말해 주었다. 첫째, 이
주민들로 하여금 스스로 자신의 삶을 재건하게 해야 한다. 둘째,
이주민들이 사회에 기여하도록 해야 한다.

 캐롤리나의 조언은 외계어처럼 낯설기만 했다. 생활고와 편견,
언제 떠나야 할지 모른다는 불안감에 시달리며 살아가는 콩고 난
민 여성들에게 사회에 기여할 가능성은 당분간 거의 없어 보였기
때문이었다. 실현이 어려워 보였지만 근거 없는 오기가 솟아올랐
다. 그래, 우리 콩고 엄마들도 똑똑한데 안 될 건 뭐야. 일단 치유
부터 시작해 보자, 싶었다.

 '뚜 떼 뽀시블르 Tout est possible'

한껏 부푼 가슴을 안고 한국에 돌아온 나는 다음 수업이 몹시 기다려졌다. 토요일 오전 10시 반, 여지없이 아이들을 안고 업고 콩고 엄마들이 한글 교실로 천천히 걸어 들어왔다. 아이들의 짜증을 달래며 아침도 거르고 두 시간 걸려 오느라 이미 지친 상태였다. 혼자 들떠서 다소 상기된 목소리로 '여러분도 리더가 될 수 있어요'라고 했더니만, 예상과 달리 냉소와 비난이 돌아왔다.

한국에서는 난민으로 인정받기가 하늘에 별 따기다, 어떤 기준으로 인정하는지 기준도 불명확하다, 지원도 없어 살아남기 어렵다 등등. 순식간에 〈100분토론〉의 패널로 변신한 네 명의 공격을 받으니, 내가 마치 출입국 직원이라도 된 느낌이 들었다. 나한테 따지자는 게 아니라 그냥 하소연과 다름없었지만 마음이 아팠다. 일상생활도 쉽지 않은 난민 여성들 앞에서 감히 '리더'라는 말을 꺼낸 게 실수였나 싶어, 슬쩍 뒤로 감추고 대신 '치유'라는 카드를 꺼내 들었다. 같이 뭐라도 재밌는 걸 해보자며, 한글교실 말고 해보고 싶은 것들을 말해 보라며 위기를 모면했다.

일 년 동안 쌓인 신뢰 덕분이었는지, 비야와 자끌린느, 줄리에

뜨와 엘린느는 시흥 지역에 공방을 열자는 의견에 적극 동조했다. 본인들 집에서 불과 도보로 10분 거리인데다, 한글교실 말고 그림교실이나 재봉, 비누 만들기, 야외 놀이 등 다양한 프로그램을 한다니까 기대감에 눈을 반짝였다.

2008년 4월, 그렇게 시흥시 정왕동 주택가에 〈다문화공방: Open Culture Plaza〉를 열었다. 콩고 엄마들의 태도는 대번에 달라졌다. 늘 내가 먼저 가서 기다리던 과거를 청산하고, 학생들이 먼저 가 문을 열고 선생을 기다리는 새 시대가 열렸다.

공방에 필요한 냉장고를 사러 중고가전가게에 갔을 때였다. 가게에 들어서기 전, 문 앞에서 자끌린느가 내게 주의를 주었다.

"마담 박은 가만히 있어요. 우리가 깎을게요."

졸지에 전세가 역전된 것이다. 아니나 다를까, 주의를 무시하고 한 마디 거들었다가 8만원에 살 것을 5천원 더 얹어 주었다. 자끌린느가 '거 보라'는 듯 살짝 눈을 흘겼다. 역시나 동네 주민 프리미엄을 무시한 대가는 썼다.

공방을 열려고 준비하던 중에 미국에서 세계사에 기록될 사건이 일어났다. 흑인이 최초로 미국 대통령으로 뽑힌 것이다. 태평양 건너 멀리서 일어난 사건은 정왕동의 허름한 연립주택에까지 영향을 미쳤다. 작년 말에 내가 '리더'라는 단어를 꺼냈을 때만 해도 말도 안 되는 소리라며 앞장서서 손사래를 쳤던 미야가 상기된 표정으로 말했다.

"뚜 떼 뽀시블르. 에브리씽 이즈 파서블."

기분이 묘했다. 바로 옆에서 살을 부대끼며 일 년을 선생으로 지낸 내 말은 가볍게 무시하더니, 이역만리 남의 나라 대통령의 성공신화에 이렇게 흥분하다니. 살짝 기분 상하기도 했지만, 한편으론 모로 가도 서울만 가면 되겠다 싶어 기뻤다. 오바마 아저씨에게 화환이라도 보내야 하나, 아주 잠깐 고민에 빠졌더랬다.

2008년 한 해는 1.5배 빨리 흘렀다. 일주일에 두 번 일산과 시흥을 오가며 한글, 미술치료, 그림교실, 재봉교실, 비누 만들기 등등. 눈 코 뜰 새 없이 일주일이 지나갔다. 무슨 일이든 끝이 있는 법. 여성부의 협력사업 기금으로 진행한 사업이기에, 11월에 접어들자 발표회와 자료집 발간을 순비하느라 마지막 수업이 코앞에 닥치는 줄도 몰랐다. 11월 14일, 바로 내일로 다가온 발표회 때문에 정신이 반쯤 가출한 상태에서 손가락이 부서져라 자료집을 만들고 간신히 넘겼다. 잠이 턱없이 부족했다. 몸도 마음도 마지막 수업에 갈 상태가 아닌지라 꾀를 피웠다.

"저기… 나 오늘 안 가면 안 돼요?
엄마들끼리 마지막수업 해요."
"아니에요, 마담 박. 꼭 와야 해요.
우리가 콩고 음식 준비할 거예요."

사실 잠이 모자란다는 건 핑계였다. 왜 '마지막'인지 설명하기가 겁났다. 마땅한 구실이 없었다. 여성부에서 준 기금이 떨어져 작은 시민단체의 역량으로는 더 이상 공방을 감당할 수 없다는 것이 속사정이었다. 말이 좋아 공방 감독이지, 한낱 자원활동가에 불과한 내가 결정하거나 책임질 수 있는 사안이 아니었다.

없는 형편에 십시일반으로 갹출해 거하게 차린 콩고 음식을 먹고 단체 사진도 찍었다. 이제 정말 공방 문을 닫을 때가 온 것이다.

"마담 박, 우리 1년 동안 재밌었고 성장했잖아요.

근데 왜 그만해야 해요?"

"그게 말이죠... 돈이 없어요."

돌려 말하기보다 솔직한 게 상수겠다 싶어 말을 뱉기는 했으나 얼굴이 화끈 달아올랐다. 콩고 엄마들도 일순간 조용해졌다. 희망고문이라는 게 이런 건가, 식도를 타고 돌덩이 하나가 가라앉는 것 같았다. 차라리 시작을 하지 말걸.

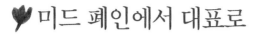 미드 페인에서 대표로

어떻게든 도망치고 싶었다. 쓸데없는 책임감과 죄책감이라는 걸 알지만 콩고 여성들을 볼 면목이 없었다. 유학이 좋은 핑계인 것 같았다. 캐나다 퀘백 주의 한 명문대에 다문화교육 전공으로 박사 과정을 지원했다. 결과는 뻔했다. 보기 좋게 미끄러졌다. 학원도 안 다니고 자습으로 좋은 토플 성적을 얻겠다는 포부가 얼마나 맹랑했는지 여실히 깨닫고 절망했다.

유학을 못 간다면 취업이라도 되겠지, 그래도 내가 석사학위를 두 개나 땄으니까 싶어 서울시 산하 국제교류 연구소에 팀원으로 지원했다. 그 역시 미역국을 시원하게 한 사발 들이켰다. '팀원으로 뽑기에는 자격이 넘치니 나중에 팀장으로 지원하라'는 메일이 왔다. 더 약이 올랐다. 돌아가는 판세를 보아하니, 나처럼 쓸데없이 학력만 높고 나이만 많은 경력단절 여성은 어디서도 환영하지 않았다. 인생을 헛살았구나, 이렇게나 세상을 몰랐다니, 가을 하늘은 청명한데 내 마음속에는 어둠만 가득했다.

유학도 취직도 길이 막히자 우울감이 찾아왔다. 나를 위로해 주는 건 그저 미드(미국드라마)뿐이었다. 내가 처한 현실을 잊기 위해서인지 감옥 탈출 이야기, 종합병원에서 벌어지는 긴박한 수술과 사랑 이야기에 빠져들었다. 42분짜리 에피소드가 왜 그리 짧던지, 시즌 하나를 끝내는 데 이틀이면 충분했다. 처음에는 자막 안 보고 영어 공부한다는 핑계로 시작한 미드는 깊은 수렁처럼 나를 끌어당겼다. 아이들을 재우고 밤 10시쯤 보기 시작해 밤을 꼬박 새워 보노라면 창문으로 아침 해가 떠오르기 일쑤였다. 일상생활이 흐트러졌다.

아이들과 함께 지내는 시간이 많았지만, 양육의 질 면에서는 형편없었다. 오늘 버크가 크리스티나에게 고백을 할 것인가, 궁금해 죽을 지경이었다. 내가 미국의 종합병원에서 의사로 사는 건지, 일산의 어느 구석에 틀어박혀 전업주부로 사는 건지 헷갈렸다. 멈추고 싶은데 멈출 수 없다면 '중독'이라고 했던가, 당시 나는 미드 중독자요 미드 폐인이었다.

드라마에 빠져 살면서도 마음 한 켠에는 여전히 타다 남은 나뭇가지처럼 소망이 남아 있었다. '콩고 엄마들이랑 뭐라도 해야 할텐데. 공방이 재밌었으니 그림을 다시 그리자고 해볼까? 아니야,

내 코가 석잔데 뭘 또 시작해. 그러다 일 년 하고 또 그만둔다고 하면 무슨 원망을 들으려고.'하루에도 열두 번씩 단체를 세울까 말까, 마음이 오락가락 했다.

　그냥 죽으라는 법은 없는지, 장장 6개월에 걸친 미드 폐인 시절에 종지부를 찍을 시점이 다가왔다. 단체를 같이 만들자는 분이 나타난 것이다. 2008년 내내 미술치료를 같이 진행했던 분이었다. 서울 소재 모 대학에서 임상예술연구소를 운영하면서 겸임교수로 왕성하게 활동하고 있고, 시민단체 경력도 있는 분이라 슬쩍 '묻어가고'싶었다.

　처음에는 일이 일사천리로 풀리는 것만 같았다. 단체 이름을 크레아팜므CreaFemme(불어로 '창의적인 여성'이라는 뜻)라고 짓고 로고도 근사하게 만들었다. 결정적으로 의견이 갈린 부분은 사업 아이템과 규모였다. 나는 아프리카 색채가 드러나는 수공예품을 중심으로 작게 시작하자고 했고, 교수님은 사단법인을 만들어 도시락 사업을 하자고 주장했다. 마침 한식 자격증까지 있는데다 재력이 빵빵한 지인들을 모아 사단법인을 후딱 세울 수 있을 것 같다고 했다. 어차피 업혀 가기로 했으니, 의견이 갈려도 못 이기는 척 따라가려고 했는데 그 역시 녹록치 않았다.

　교수님이 외국 출장을 간 동안에 별 일 아닌 작은 이슈로 오해가 쌓이면서 결국 모든 일이 수포로 돌아가 버렸다. 아, 주부로서는 정말 무리였나, 단체 만들기가 만만치 않구나, 상심했다. 창립을 목전에 두고 좌절하고 보니 오기가 샘솟았다. 이번에는 내가 먼저 여성학을 전공하는 지인을 섭외해 공동대표를 하자고 꾀었나. 이름을 뭘로 할까 궁리하다 친환경 재료를 사용해 핸드메이드 상품을 만들어 이주여성에게 반찬값이나 벌게 해 주자는 생각에, '에코팜므EcoFemme(불어로 생태여성, 경제여성이라는 뜻)'로 정했다. 크레아팜므보다 입에 착착 붙는 게 이번에는 진짜 뭔가 될 것만 같았다.

　2009년 5월 30일, 우리 집 이층에서 소박하게 〈에코팜므〉 창립총회를 열었다. 평소 남편과 알고 지내던 프레디에게 젬베 연주를 부탁하고, 코트디부아르 여성 디디(가명)에게 아프리카 음식을 해달라고 불렀다.

창립총회라고 해봐야 평소에 알고 지내던 열 명 남짓한 친구들이 전부였다. 내가 팥으로 메주를 쏜다 해도 믿을 만한 친구들만 불렀다. 간신히 용기를 끌어 모아 단체를 세우는 건데, 누가 딴죽이라도 걸면 맥없이 접어 버릴 것 같았기 때문이다. 신기하게도 그날 온 모든 손님이 후원자로 가입해 주었다. 한 달에 고작 만원이었지만, 단체 운영 경력이라고는 전혀 없는 어리바리한 대표를 어떻게 믿고 후원을 약정해 주나 싶어 뭉클했다. 아무튼 패는 이미 던져졌고 무식하니까 용기 있게 하는 수밖에 없었다. 자원활동가에서 대표로 신분이 수직상승 했으니 일단 어깨에 힘이 들어갔다.

2 장
저도 난민은 처음입니다만 :
어느 날 갑자기 난민이 되다

2장에는 에코팜므와 인연을 맺은 난민 여성들이 어떻게 난민이 되었는지를 담았다.

내가 만났던 어떤 난민 여성도 어릴 적에 장래 희망란에 '난민'을 적은 사람은 없다.

난민이 되기 전까지는 옆집 이웃이 정치 스파이로 몰려 외국으로 망명해도, 강 건너 불 보듯 남의 이야기로만 여겼던 사람들이었다.

마치 예고 없이 교통사고를 당하듯 어느 날 갑자기 난민이 되어 한국에 온 여성들은 대부분 학력이 높고 경제적으로도 윤택하게 살던 이들이었다. 다만 낯선 땅 한국에서 난민으로 불안정하게 살아가느라 문득문득 우울하고 무기력함에 빠지는 모습이 안타까울 따름이었다.

같이 한글을 공부하고 그림을 그리면서, 그리고 상담을 진행하는 과정에서 난민 여성들이 조금씩 힘을 얻는 모습을 보았다. 마음의 힘이 생기자 아이들에게도 더욱 당당한 엄마의 모습으로 바뀌어 갔다.

그림 _ 아프리카라는 먼 대륙에서 온 4명의 여성들은 각자 하나 이상의 상징을 갖는다. 이 정글 숲은 우리를 그들의 드라마틱한 이야기로 안내한다.

* 알려두기: 2장은 난민 여성들이 직접 들려준 이야기와 그들의 이야기가 담긴 문서를 바탕으로 상상력을 동원해 썼다. 굵직한 사건들은 모두 진실이지만 세부 사항들까지 정확히 똑같지는 않다. 난민 여성의 신변 보호를 위해 출신 국가, 이름, 나이 등은 표기하지 않거나 가명을 사용했다.

주디뜨: 결혼의 단꿈은 사라지고

홍학 (주디뜨)

홍학은 멋지게 자신의 색을 뽐낸다 . 다리 한 짝으로 꼿꼿하게 버티는 모습은 우아하기 그지
없다 . 은근히 시선을 즐기며 거리를 활보하는 주디뜨의 모습은 화려한 홍학을 연상케 한다 .

컴퓨터를 전공하는 학생이던 주디뜨는 약혼자가 돌아오기만을 손꼽아 기다리고 있었다. 중국으로 국비유학을 떠난 약혼자와 가을에 결혼하기로 집안끼리 말을 다 맞춰 놓았던 것이다. 한 동네에서 나고 자란 사이지만, 스콧은 주디뜨에게 늘 동경의 대상이었다.

스콧으로 말할 것 같으면 동네에서 똑똑하기로 소문난 데다 인물이 영화배우 뺨치는 터라 중학교, 고등학교를 통틀어 인기남으로 통했다. 수많은 경쟁자를 물리치고 스콧과 연인 사이가 되었을 때, 모든 여자 아이들의 시선이 비수처럼 와서 박혔더랬다.

주디뜨가 대학만 들어가면 결혼할 줄 알았건만, 공부 욕심이 많은데다 글로벌한 인재가 되겠다는 포부를 품은 스콧은 중국으로 유학을 가버렸다. 박사를 마칠 때까지 어떻게 기다리나, 한숨만 내리쉬던 와중에 편지가 날아왔다. 이번에 잠깐 귀국해서 결혼하고 같이 나오자는 내용이었다. 주디뜨는 뛸 듯이 기뻤다. 약혼자와 결혼해 말로만 듣던 중국에 가다니. 가족과 헤어지는 것이 슬프고 중국이라는 나라에 대해 전혀 모르지만, 스콧만 곁에 있다

면 그 어떤 어려움도 이겨내리라 다짐하며 하루하루 약혼자가 돌
아오기만 기다렸다.

스콧이 도착하던 날, 꿈에서도 상상하지 못했던 일이 벌어졌
다. 중국 유학 시절 잠깐 재미삼아 영화에 외국 군인으로 출연한
사진 때문에 스콧이 공항에서 반군으로 몰려 체포당한 것이었다.
아무리 영화에 엑스트라로 출연한 것이라고 말해도 믿어주지 않
으니 미칠 노릇이었다. 스콧은 그렇게 집에 발을 딛지도 못한 채
감옥에 갇히고 말았다. 주디뜨는 처음에는 모든 것이 거짓말 같았
다. 자신의 행복을 시기하는 친구들이 지어낸 이야기라고 생각했
다.

다시 조사한다는 조건으로 다행히 며칠 후에 풀어주었지만, 이
미 결혼은 물거품이 되어버린 후였다. 두 집안의 어느 누구도 세
월 좋게 결혼을 입에 담지 않았다. 어떻게 하면 스콧을 안전한 곳
으로 피신시킬까, 이 궁리뿐이었다. 주변에 정부 쪽에 손 좀 써 줄
사람이 있는지 수소문하느라 주디뜨의 실망감 따위는 아무도 신
경 쓰지 않았다.

일주일 넘게 알아본 끝에 어떤 신부님의 도움으로 여권과 비자를 발급받았다. 어렵사리 급전을 마련한 후, 스콧은 야반도주하듯 새벽 비행기에 몸을 실었다.

"주디뜨, 미안해. 상황이 이렇게 되다니 나도 너무 속상하다. 가서 자리 잡으면 바로 부를게. 조금만 기다려."

"걱정 말아요. 기다릴게요."

서로의 어깨를 따스하게 감싸며 다짐과 위로를 나누었다.

언제 다시 만날지도 모르면서.

속절없이 이 년이 흐른 후, 주디뜨와 스콧이 재회한 곳은 다름 아닌 한국이었다. 중국이 아니라 그 옆의 작은 나라 한국에서 신접살림을 꾸릴 줄은 전혀 몰랐다. 그것도 난민으로, 마석의 어느 공장단지의 컨테이너 박스는 주디뜨의 신혼 리스트에는 더더욱 없는 그림이었다. 망고나무, 오렌지나무, 코코아나무. 온갖 과일나무들로 둘러싸인 넓은 집. 뒤뜰에 수영장이 있어 언제든 더위를 식힐 수 있고, 일해 주는 사람들이 단장한 깨끗한 집에서 잘 차려놓은 식사를 넙죽 받아먹기만 하던 철부지 대학생에게 한국의 난민생활은 고되었다.

하얀 것은 비닐이요, 까만 것은 글씨라. 수퍼나 마트에 가도 한
글을 하나도 모르는데다 입맛이 까다로운 주디뜨가 먹을 만한 음
식은 찾을 수가 없었다. 결국 한동안 쌀밥에 설탕을 뿌려먹거나
빵과 우유만 먹으며 연명했다. 펜대를 쥐고 공부만 하던 엘리트
스콧은 하루아침에 공장 노동자로 전락해 행색이 말이 아니었다.

고기도 먹어본 사람이 잘 먹고, 일도 해본 사람이 잘한다고 했
던가. 유복한 집안에서 자라 머리 쓰는 일만 해본 스콧에게 공장
일은 너무 낯설었다. 게다가 공장의 어느 누구도 이름은 부르지
않았다. '깜둥이 새끼'가 공식 명칭이었다. 행여 싫은 기색을 보이
거나 몸을 느리게 놀리면 그 다음 날로 잘리기가 일쑤였다. 난민
신청자는 언제든 해고해도 아무 항의를 못한다는 약점을 악용하
는 공장주들이 많았다.

아이 둘을 키우면서 낮 시간에 영어 강사로 적은 돈이나마 벌
려고 애쓰는 주디뜨도 지치기는 마찬가지였지만 차마 남편에게

내색하기가 힘들었다. 야간 근무를 하고 새벽녘에야 몸도 마음도 파김치가 되어 돌아오는 남편에게 웃으면서 아침을 차려줄 때면 속에서 뜨거운 것이 올라왔다.

그나마 위안이 되는 건 걸어서 십 분 거리에 흩어져 사는 같은 나라 친구들이었다. 한 달에 한 번 경동시장에 가서 푸푸를 만들 옥수수가루로 포대로 사고, 코스트코에 가서 버터며 치즈를 묶음으로 사서 나누었다. 오가는 길에 길거리 음식으로 순대나 떡볶이를 사먹는 것도 재미라면 재미였다. 처음에는 세상에 먹지 못할 음식이라 여겼던 것들도 이제 조금씩 먹을 만해졌다.

네 명의 아프리카 여성이 까만 피부를 반짝이며 서울행 전철을 타고, 길에서 떡볶이를 먹으니 시선을 모으고도 남는다. 혼자라면 못할 일들도 친구들이 있으니 오히려 당당하다. 지금은 은근히 시선을 즐기면서 거리를 활보하기도 한다. 트로피컬한 옷으로 아프리카 패션 감각을 뽐내면서.

제니퍼: 이래봬도 외교관 딸입니다만

뱀 (제니퍼) 그리스 신화에서 뱀은 재생과 불멸의 상징이다 . 어떠한 역경을 거쳐도 다시 일어나고 , 절대 쓰러지지 않는 제니퍼는 지금은 멋진 커리어 우먼으로 살아가고 있다 .

제니퍼는 외교관의 딸로 유럽에서 태어났다. 아버지를 따라 유럽 몇 개국을 돌다가 고등학교 때 본국으로 돌아갔다. 덕분에 영어, 불어가 유창하고 본국의 토속어도 두 개 정도 배웠다. 한국말도 이제 무리 없이 구사하니까 무려 5개 국어를 유창하게 하는 셈이다.

고상한 외모에다 집안도 좋고, 공부도 잘해서 고등학교 다닐 때는 얼음공주처럼 콧대가 높았다. 웬만한 집안에 얼굴이 반반하고 공부 좀 한다는 남자 아이들이 대시를 해와도 콧방귀 한번 뀌지 않았다. 하나같이 마음에 차지 않았던 것이었다.

그러다 대학 1학년 때 운명의 남자 윌리엄을 만났다. 수재들만 모인다는 국립대학에서도 유난히 눈에 띄는 남학생이었다. 그쪽에서도 제니퍼의 소문을 들었는지, 슬쩍 접근해 왔다. 경영학을 전공해 장차 유럽으로 진출해 다국적 기업을 일구겠다는 포부를 지닌 남자였다. 제니퍼는 은근히 팅기는 척하다가 이내 공식적인 연인 사이로 발전했다. 그 일이 있기 전까지만 해도, 두 사람은 세상에 부러울 것이 없는 선망의 커플이었다.

학교를 마치고 집에 돌아가려고 버스를 기다리는 중이었다. 제니퍼의 앞을 군인 둘이 막아섰다. 다짜고짜 신분증을 내놓으라고 했다.

"제 신분증을 왜요? 어디서 나온 분들이에요?

저 그냥 대학생이에요."

"그러니까 보자는 거 아니야?

반정부 시위에 가담했다는 정보가 있어."

"지금 농담하시는 거예요? 저는 그런 거 몰라요.

아니, 싫어한다구요."

말로 상대하는 데 실패하자 군인들은

강압적으로 가방을 빼앗더니 지갑을 뒤졌다.

"역시 이 대학 학생이로구만.

이 학교가 문제가 많아. 걸핏하면 데모나 하고 말이야."

"여기 다니는 게 무슨 잘못이에요.

저는 진짜 공부만 하는 학생이라니까요."

"잔말 말고 가자."

제니퍼가 아무리 키가 크고 체격이 좋다 해도, 남자 둘을 당해 낼 재간은 없었다. 게다가 여차하면 어깨에 멘 총을 들이댈 기세 이니 순순히 따라가는 수밖에 달리 방도가 없었던 것이다.

두 명의 군인이 제니퍼를 끌고 간 곳은 허무하게도 빈 창고였 다. 조사를 한다는 핑계로 끌고 갔지만 결국은 정욕을 채우려던 것이었다. 총을 들이밀고 번갈아 망을 보며 욕보인 후에야 제니퍼 를 풀어 주었다. 만신창이가 된 몰골로 창고 문을 힘없이 밀고 나 가는 제니퍼의 뒤통수에다 대고 놈들이 악을 썼다.

"어디다 신고만 해봐. 반정부 시위에 참여한 대학생이라고 고 발해 버릴 테니까. 앞으로 계속 지켜볼 테니 멀리 갈 생각 말고."

치가 떨려 다시는 얼굴조차 보기 싫었다. 외진 곳이라 어디가 어딘지도 모르니 무작정 걷고 또 걸었다. 창고에 신발을 두고 온 터라 발이 까지고 부르터 피가 흘렀다.

그런 몰골로 간신히 집에 도착하자 난리가 났다. 당장에 수소 문해 잡아서 혼쭐을 내주자고 오빠들이 분을 내었다. 하지만 아버 지는 달랐다.

"그놈들이 네 신분증을 가져갔다고 했니?"

"네, 빼앗겼어요."

아버지는 낙담한 얼굴로 다음 말을 이어갔다.

"또 찾아올게다. 여기를 떠나는 수밖에 없어.

윌리엄에게도 사실대로 이야기하고

같이 방법을 찾도록 해야겠다."

아버지는 그날부터 바로 힘 있는 친구들을 수소문해 제니퍼와 윌리엄의 여권과 비자를 마련해 주었다. 윌리엄은 처음에는 고민하다가 같이 떠나기로 마음을 먹은 터였다. 아시아 쪽에 가서 국제 경영의 꿈을 키울 수도 있겠다는 계산을 한 모양이었다.

가진 돈이 많지 않아 두 사람은 안산의 연립주택에 자리를 잡았다. 한동안 윌리엄은 제니퍼를 감싸주고 살 방도를 찾으려 노력했으나, 생각만큼 일이 잘 풀리지 않았다. 아는 사람도 하나 없는데다 학력도 인정받기 힘들다 보니 결국 공장밖에 갈 곳이 없었다.

현실이 이렇다 보니 모든 원망이 아내에게 쏠리고, 윌리엄은 언제부턴가 제니퍼에게 손을 대기 시작했다. 공장에서 받은 일당으로 술 마시고 집에 와서 아내를 때리고… 그런 날들이 이어지면서 제니퍼도 점점 지쳐 갔다.

한국에 오자마자 낳은 아기 대니를 생각해서라도 그냥 참고만 살면 안 될 것 같았다. 제니퍼는 시민단체의 도움을 받아 윌리엄에게서 벗어났다. 차라리 싱글맘의 길을 걷기로 결심한 결과는 혹독했다. 이제 모든 걸 혼자서 해결해야 했다.

아이를 어린이집에 보내는 낮 시간 동안 할 수 있는 일을 찾았다. 다행히 뛰어난 영어 실력 덕분에 번역이나 통역 일을 얻었다. 영어를 불어로 옮기는 일이 흔치는 않았지만 단가가 높은 편이라, 원룸 월세 내고 둘이 먹고 살 정도는 되었다. 죽기 살기로 한국어 실력을 쌓은 다음에는 한국어를 영어나 불어로 통역하는 일을 맡으면서 차츰 안정을 찾아 나갔다.

엘리노어: 사모님에서 공장 노동자로

호랑이 (엘리노어) 호랑이는 용맹함의 상징으로 많이 알려져 있다 . 험난한 삶을 이겨낸 엘리노어는 그래서 호랑이를 닮았다 . 엘리노어의 마지막 한 마디는 지금까지 거쳐 온 삶이 얼마나 단단한지 드러낸다 .

엘리노어의 어릴 적 꿈은 패션모델이었다. 또래보다 큰 키에 날씬하고 얼굴이 작고 예뻐서 친구들이 다들 모델이 되라고 했기 때문이었나 보다. 막상 대학 갈 때 즈음에 부모님에게 모델이 되겠다고 했더니 노발대발하셨다. 보수적인 집안 분위기를 생각하면 말도 꺼내지 못할 허무맹랑한 꿈이었던 것이다.

딸이 헛꿈을 꾸는 게 불안했는지 부모님은 엘리노어의 결혼을 서둘렀다. 대학을 졸업하기도 전에 전도유망한 회계사에게 시집을 보내 버렸다. 다행히 브라이언은 점잖은 남자였다.

모델의 꿈을 이루지 못해 아쉽기는 했으나 삶은 대체로 만족스러웠다. 남편이 벌어오는 넉넉한 수입으로 쇼핑을 하고, 집안일 해주는 사람들만 잘 관리하면 되었다. 연달아 두 살 터울로 태어난 딸들도 엄마를 닮아 예쁘고 착했다. 잔잔하고 풍요로운 삶이 한동안 이어졌다.

나라의 정세가 불안해지면서 강제징집이 시작되자 문제가 터지고 말았다. 평소에 자기 일에만 충실하던 남편이 소신 발언을 하고 나선 것이었다. '강제 징집은 부당하다'는 전단을 만들어 뿌리기도 하고, 집회에 나가 몇 차례 발언을 하기도 했다.

아니나 다를까. 남편이 반정부 인사로 찍혀 수배자 명단에 올라 버렸다. 소문에 따르면 반정부 인사들을 조사한답시고 잡아다 비밀 수용소에 가둔다고 했다. 한 번 들어가면 평생 나올 수도 없는 곳이라며 다들 잡혀갈까 봐 벌벌 떨었다. 언제 브라이언이 잡혀갈지 몰라 엘리노어도 불안하기 그지없었다.

마침내 브라이언은 마음을 정하고 가족을 한 자리에 모았다.

"여보, 당신도 알다시피 언제 내가 잡혀갈지 몰라요. 내일 밤에라도 들이닥칠 수 있어요. 그래서 일단 여기를 떠나기로 했어요. 친구가 정부 쪽 사람에게 부탁해 비자를 만들어 준다고 하는군요. 돈이 좀 들겠지만 지금으로서는 그 방법밖에 없어요."

"어디로 가는데요? 아이들이랑 나도 부르는 거죠?

얼마나 걸릴까요?"

"아직은 아무것도 몰라요.

비자가 빨리 나오는 나라로 가는 거예요.

그게 어디든. 가서 집과 일자리를 구하는 대로 부를게요."

그 다음 날로 브라이언은 짐을 꾸려 집을 떠났다. 한국이라는 나라로 가게 됐다고 했다. 처음에는 금방이라도 부를 것 같더니만, 몇 달이 지나도 오라는 소식이 없었다.

세월아 네월아, 남편이 부르기만을 기다리면서 불안한 일상을 이어가던 날이었다. 아이들을 학교에 보내고 잠깐 외출하려고 옷을 입는데 누군가 세차게 문을 두드렸다.

"여기, 브라이언 카퍼 집이야? 어딨어?"

군인들 대여섯이 들이닥쳤다.

전에도 겪은 일이라 적당히 돈을 주고 보내려는데

이번에는 쉬 가려 들지를 않았다.

무리 중에 둘이 음흉한 눈짓을 주고받더니

이내 억지를 부리기 시작했다.

"브라이언을 안 내놓을 거면 당신이라도 따라가야겠어."

"무슨 소리예요? 제가 왜요? 남자도 아닌데."

"일단 가보면 알아."

그렇게 군용 지프차에 태우더니 도시를 벗어나 비포장도로를 한참이나 달렸다. 눈을 가리는 바람에 어디가 어딘지 도통 감을 잡을 수 없었다. 차 안에서 끌어내리더니 어떤 건물 안으로 내팽개치듯 던져 넣었다.

눈가리개를 풀고 대신 손을 뒤로 묶더니 거칠게 엘리노어의 옷을 벗기기 시작했다. 그렇게 다섯 명의 군인들이 짐승같이 번갈아 달려들었다.

허리 아래가 끊어져 나갈 것처럼 아파 일어서기도 힘들 지경이었다. 당장이라도 뛰쳐나가 집으로 가고 싶었지만 방향을 가늠하기도 힘드니 한 발자국도 뗄 수가 없었다.

그 자리에서 죽고 싶었지만 아이들이 눈에 어른거렸다. 어떻게든 살아야겠다 싶었다. 내버려두고 떠나려는 군인들에게 다가가 기어들어가는 목소리로 말했다.

"저… 저 좀 집에 데려다 주세요."

"그러지 뭐. 내가 깁도 아니까."

비열하게 웃으며 거들먹거리는 놈의 턱을 후려갈기고 싶었지만 그럴 힘도, 배짱도 없었다. 어쨌든 아이들이 기다리는 집으로 돌아가야 했으니까.

아이들에게는 물론이거니와 그 누구에게도 털어놓을 수가 없었다. 남편에게 하루 빨리 연락이 와서 떠나고 싶을 뿐이었다.

드디어 기다리던 연락이 오고 어렵사리 한국행 비행기 표를 구했다. 남편에게로 갈 수 있어서 좋았지만 아이들은 두고 가야 했다. 비행기 표가 너무 비싸서 세 명 분을 구할 수가 없었기 때문이었다. 수소문 끝에 국경 너머의 목사님 부부에게 아이들을 맡기고 이름만 겨우 아는 나라, 한국으로 가는 비행기에 몸을 실었다.

와 보니 남편은 이미 고된 공장 노동으로 허리가 성치 않은 상태였다. 일을 놓은 지 한참 지난 터라 변변한 끼니거리도 없고, 가뜩이나 좁은 집안은 발 딛을 틈 없이 어질러져 있었다. 어디서부터 어떻게 손을 대야 할지 몰라, 그간에 있었던 일은 잠시 묻어 두기로 하고 먼저 일을 구했다.

아프리카에서 온 여자가 한국말도 하나 모르는 상태에서 할 수 있는 일이라고는 역시 공장 일밖에 없었다. 그나마도 안 준다는 것을 남편을 도와주던 한국인의 소개로 간신히 얻을 수 있었다. 공장에서 휠 캡을 닦는 일이었다. 공장 전체를 통틀어 여자 노동자가 한 명밖에 없을 정도로 일이 험했다. 한 마디로 여자가 할 만한 일이 아니었다.

무거운 휠 캡을 일일이 닦고 옮기느라 허리가 끊어져 나갈 것만 같았다. 손톱이 다 부러지고 손등은 코끼리피부처럼 거칠어져 아무리 핸드크림을 발라도 소용이 없었다. 저녁에 집에 돌아와 몸을 누이면 신음 소리가 저절로 나왔다.

몸보다 더 힘든 것은 마음이었다. 차마 남편에게 말하기 힘들어 끙끙 앓다가, 불면증과 악몽에 시달리다가 어렵사리 털어놓았다. 원해서 그런 것도 아니고, 자신의 잘못은 더더욱 아닌데도 창피하고 죄인이 된 것만 같았다.

처음으로 아픈 이야기를 듣던 날, 브라이언은 자기 때문이라며 눈물을 쏟았다. 어찌할 바를 몰라 하며 고개를 들지 못했다. 그러더니 엘리노어의 어깨를 당겨 꼭 안아주며 말했다.

"고생 많았어요. 진작 말하지 그랬어요….
얼마나 마음이 괴로웠을까.
당신의 마음을 고칠 방법을 찾아봅시다."
엘리노어의 눈에서 봇물 터지듯 눈물이 솟구쳤다.
행여 남편이 실망하고 자기를 버리면 어쩌나, 걱
정했던 마음이 바보같이 느껴졌다.

브라이언이 짧은 기간 동안 시민단체와 좋은 유대를 맺은 덕분
인지, 공짜로 치료해 주겠다는 정신과 의사를 소개받았다. 통역해
줄 사람도 올 거라고 했다. 알고 보니 아는 사람이었다. 에코팜프
의 대표 박진숙이라고 했다. 전에 집에도 놀러간 적이 있어서 낯
이 익었다.

첫 치료를 시작하던 날, 엘리노어는 고개를 바로 들지 못했다.
평소의 밝고 당당한 모습이라고는 찾아볼 수 없고 죄인 같은 모습
이었다. 간밤에 잠을 잘 자지 못했는지 눈은 벌겋고, 깊게 눌러쓴

모자 뒤로는 수심이 가득했다.

그 후로 일 년간 정신과 치료 받고 약을 먹으면서 엘리노어는 예전 모습을 되찾았다. 의사의 말대로 '과거를 바꿀 수는 없지만, 과거에 대한 감정과 기억은 바꾼' 것 같았다. 약도 차차 줄이더니 딱 끊게 되었다. 치료를 종료하고 마지막 인사를 나누던 날 엘리노어는 말했다.

"이제 나는 괜찮으니 다른 사람을 도와주세요."

마릴라:
대사관 직원에서 졸지에 스파이로

벌새 (마릴라) 벌새는 1 초에 60 번 넘게 날갯짓 하며 바쁘게 움직인다 . 그에 비해 벌새의 표정에선 여유로움이 묻어난다 . 마릴라도 분주하게 움직이지만 주변 사람들에게 베푸는 마음은 그 어떤 벌새보다도 여유로워 보인다 .

마릴라는 자상한 아버지와 엄격하고 기품 있는 어머니 밑에서 10남매 중 다섯째로 태어났다. 아버지가 은행 고위직을 지낸 덕분에 수도에서도 부자 동네에서 살았다.

크리스마스가 돌아오면 친척들까지 모두 모여 넓은 집을 가득 채웠다. 그런 날이면 마릴라의 아버지는 어김없이 영사기를 돌려 흰 벽에 아이들이 좋아하는 영화를 쏘아 주셨다. 열 남매와 친척 아이들까지 와글와글 모여 영화를 보고 있노라면 어느 잔칫집 부럽지 않았다.

대학에서 마케팅을 전공하고 교수님의 융숭한 추천서를 받아 미국대사관에 취업했을 때만 해도 세상에 부러울 것이 없었다. 어릴 때부터 개인 교습과 독학으로 열심히 배워 영어를 유창하게 구사하는 덕분에 또래 친구들보다 월급을 두 배 가까이 받았다. 밝고 긍정적인 성격에 어여쁜 이목구비 덕분에 대사관의 얼굴이라고 할 만한 리셉션 업무를 맡았다. 그때만 해도 마릴라는 세상이 정말 장밋빛인 줄로만 알았다.

2004년 초가을 어느 날이었다. 어느 날처럼 단정하게 옷을 차려 입고 리셉션 데스크에 섰다. 잠시 후에 밖이 소란하더니 몇몇 사람이 대사관으로 들어섰다. 딱 봐도 최고급 수트에 검고 세련된 선글라스를 쓴 남자 뒤로 덩치 큰 경호원 세 명이 그림자처럼 따랐다. 기세가 등등한 무리가 검문 검색대를 제멋대로 통과하려는 듯 밀어붙였다.

　겁을 먹은 마릴라는 잠시 움찔 물러났다가 옷매무새를 가다듬고 일행에게 다가갔다.

　"선생님, 무슨 일로 오셨는지는 모르지만

　여기 들어오는 모든 분들은 검문검색을 받으셔야 합니다."

　"뭐라고? 너 누군데 나를 몰라보는 거야?

　어디서 감히 내 몸을 뒤지겠다는 거야?"

　선글라스를 쓴 우두머리가 마릴라를 위아래로 훑어보며 가소롭다는 듯 콧방귀를 뀌었다.

　"제가 일을 시작한지 얼마 안 되어 누구신지 몰라 뵈어 죄송합니다. 하지만 누구를 막론하고 검문검색을 받으시는 것이 원칙입니다.

저는 원칙에 따라 선생님과 일행을 검문검색 할 수밖에 없습니다."

떨리는 나머지 다리가 후들거렸지만,

마릴라는 발바닥에 힘을 꽉 주고 또렷한 눈길로 쳐다보며 또박또박 말했다.

"얘, 이거 맹랑하네. 너 소속이 어디야?

기어이 나를 검색하겠다는 거지?

여기 책임자 나오라고 해."

마릴라와 높으신 양반의 대치 상황이 길어지자 대사관 전체가 들썩이기 시작했다. 곧이어 보안책임자가 도착하고서야 상황이 일단락 지어졌다. 책임자가 그 오만방자한 남자를 무사통과시켜 주고 나니 마릴라만 난감해져 버렸다. 남자는 여봐란 듯이 안으로 들어가며 마릴라를 쏘아 보았다.

처음에는 그쯤에서 해프닝으로 사건이 끝나는 것 같았다. 진짜 문제는 며칠 뒤에 일어났다. 친절하기만 하던 상사가 갑자기 마릴라의 근무 태도에 트집을 잡기 시작한 것이었다. 급기야 마릴라가

그간에 올렸던 보고서에도 문제가 많다며 상부에 보고하겠다고 으름장을 놓았다. 얼마 전까지만 해도 보고서의 표본이라며 칭찬을 아끼지 않던 사람이 돌변해 버리자, 마릴라의 마음에 의아하면서도 불길한 예감이 스멀스멀 올라왔다.

"마릴라, 누가 너를 찾아왔나 봐. 몸을 피하는 게 좋겠어."

비슷한 시기에 입사한 동료가 근심스러운 얼굴로 알려주었다.

오전 근무를 마치고 잠깐 휴식을 취하던 중이었다.

검정 수트를 입은 남자가 총 든 군인을 둘 끼고 마릴라에게 다가오는 것이 보였다.

"마릴라 음바투 씨 자리가 어딘가요?

르완다와 스파이 노릇을 한다는 정보를 입수하고 왔습니다."

마릴라는 재빨리 신분증이 든 지갑만 챙겨 직원 전용 출구로 빠져나왔다. 몇 달 전에 옆 부서 직원에게 비슷한 일이 생겼을 때, 직장에서 총 든 군인들에게 잡혀간 후로 다시는 집에 돌아오지 못했다는 사실이 퍼뜩 기억났기 때문이었다.

눈앞이 노랗고 눈물이 고여 초점도 흐릿했지만 마릴라는 100

미터 경주라도 하듯 집을 향해 내달렸다. 엄마는 평소처럼 저녁 준비에 여념이 없었고, 작은 언니가 거실에서 차를 마시며 책을 읽는 중이었다.

"마릴라, 낮 시간에 웬일이니? 이렇게 나와도 되는 거야?"

"엄마, 나 큰일 났어요. 르완다 스파이로 몰렸어요.

집에도 곧 들이닥칠 테니 간단한 옷가지만 챙겨서 크리스티나 집으로 갈게요.

저를 찾거든 절대 어디 있는지 모른다고 하세요."

어리둥절하기는 작은 언니도 마찬가지였지만 짐을 챙기는 걸 도와주고 뒷문을 열어 주었다.

"마릴라, 몸 조심해. 아버지가 돌아오시면 어떻게든 해결하실 거야. 염려 말고 친구 집에 꼭 숨어 있어."

작은 언니를 본 것은 그때가 마지막이었다. 군인들은 그 저녁에 어김없이 마릴라의 집에 들이닥쳤고, 엄마가 끝내 행방을 모른다고 잡아떼자 엄마를 때리고 언니를 욕보였다. 친구네 집에서 숨만 쉬며 며칠간 숨어 있던 마릴라는 가족에게 무슨 일이 일어났는지 전혀 몰랐다.

아버지의 지인이 정부 쪽 측근에게 힘을 써 어렵사리 마련해 준 여권을 들고 부랴부랴 남아공으로 향하는 비행기에 올라타고 서야 어디로 가는지 최종 행선지를 확인했다. Republic of Korea, 대한민국 비자가 붙어 있었다. 2002년에 요란하게 월드컵을 치른 나라라는 것 말고는 한국이란 나라에 대해 아무것도 아는 게 없었다. 마릴라는 졸지에 아무 준비도 없이, 300불만 달랑 쥐고 아시아 동쪽 끝의 작은 나라에 불시착했다.

인천공항에 내리니 어디로 가야 할지 막막했다. 대학 다닐 때 언젠가 아시아로 배낭여행을 가리라 다짐한 적은 있지만, 정치난 민으로 올 줄은 차마 상상도 못했었다. 전화번호나 주소도 하나 없이 무작정 택시에 올랐다.

"어디로 가세요?"
"아이 돈 노우. 잇츠 마임 퍼스트 타임 인 코리아."
택시 아저씨는 당황스러운 표정을 잠시 짓더니 이내 행선지를 정한 듯 시동을 걸었다. 한 시간 남짓 쌩쌩 달리더니 다짜고짜 내리라고 했다. 두려운 마음으로 땅에 발을 딛고 보니, 거리에 피부색이 다양한 사람들이 꽤 오갔다. 나중에 알고 보니 거기가 이태원이었다.

머릿속에는 오로지 같은 나라 출신을 찾아야겠다는 생각밖에 없었다. 미친 사람처럼 피부색이 검은 사람을 죄다 붙잡고 C국에서 왔냐고 물었다. 사람이 죽으라는 법은 없는지 C국 출신을 안다는 사람을 만났고 연락처까지 손에 쥐었다. 그땐 까맣게 몰랐다. 그 연락처의 주인공과 결혼해 아이를 둘이나 낳을 줄은.

상황이 호락호락하지 않았지만 인내심이 강한 마릴라는 쉽게 포기하지 않았다. 발품을 판 덕에 이주민센터 사람들과도 친해지고, 유창한 영어 덕분에 아이들을 가르치는 일을 얻었다. 남편도 특유의 성실함과 우직함을 발휘해 공장 사장에게 인정받았다.

난민으로 인정받기까지 장장 7년이 걸렸다. 한국의 난민 인정율이 3%를 밑돈다고 하니 백 명 중 세 명 안에 든 셈이었다. 한국에서 지내 온 14년 동안 좋은 친구들을 많이 만났다. 에코팜므라는 시민단체를 만나, 생전에 꿈꾸지도 않았던 아티스트가 된 것도 인생역전이라고 하겠다. 마릴라는 꿈꾼다. 다른 난민 여성들에게도 기회를 나눠주는 체계적인 시스템을 만들겠다고.

3 장
몰라서 용감하게 :
에코팜므가 일하는 방식

내가 경영학을 전공했다면 절대 에코팜므를 시작하지 않았을 것이다. 애초에 계산이 안 나오는 그림이었으니까. 게다가 시민단체에서 간사로 일한 경험도 없고, 평범한 직장 생활조차 해보지 않은 채 막무가내로 덤벼든 덕분에 고생이 말도 아니었다. 가끔 농담 삼아 말하곤 한다. 내 이마가 볼록 튀어나온 건 하도 맨땅에 헤딩을 해서 그렇다고.

경험이 없다는 점이 마냥 단점으로 작용하지만은 않았다. 정상적이고 평범한 직장생활을 해보지 않은 덕분에 여러 가지 실험을 용감하게 펼쳐 나갔다. 초등생 아이 둘을 둔 엄마로서 어떻게 하면 일과 가정을 모두 재밌게 유지할 것인가, 고민하던 차에 주4일제에서 주3일제로 근무형태를 바꾸었다.

일 년에 한 달을 쉬며 가족이 여행을 다녔으면 좋겠다는 꿈도 안식월을 도입함으로써 이루어 냈다. 자타가 공인하는 꿈의 직장으로 에코팜므를 조금씩 만들어 나가는 중이다. 여전히 여러 실험들을 거듭하며 '작게, 오래, 재밌게'를 모토로 우리는 오늘도 변신을 거듭하는 중이다. 적게 벌어서 아주 잘 사는 일 공동체를 꿈꾸며.

그림 _ 시도하라, 길이 보일 때까지! 3장은 10년이라는 세월 동안 여러 단계를 거치며 성장한 에코팜므의 이야기를 전한다.

초짜에겐 과분한 행운

단체를 세우기는 했으나 어떻게 운영해야 할지 막막했다. 고양시 장항동의 어느 후미진 골목, 세탁소 옆에 간판도 없이 사무실을 내고 온 식구를 동원해 페인트를 칠했다. 10살 한슬이와 7살 한결이는 엄마가 뭘 하는지는 모르면서도, 얼굴이며 옷에 페인트를 발라가며 고사리 손으로 열심을 다했다. 애들하고 같이 색상을 고르다 보니 노랑, 빨강, 파랑… 원색의 향연이었다. 시민단체가 아니라 소규모 가정어린이집 느낌이 났다. 김포에 사는 난민 여성들과 처음 만든 품목이 리본핀이라 그랬는지, 사무실을 꾸미고 나자 한슬이는 대뜸 이렇게 물었다.

"엄마, 우리 이제 리본 가게 하는 거야?"

"아니, 에코팜므라는 단체를 만든 거야."

한슬이는 잠시 고개를 갸웃하더니 그냥 리본 가게로 받아들이는 것 같았다. 집에서 놀면서 드라마만 주야장천 보던 엄마가 리본 가게를 열었나 보다 했는지 외부 행사를 다녀오는 날이면 똘망똘망한 눈으로 물었다.

"엄마, 오늘은 얼마 벌었어?"

사실 수익은 병아리 눈물만큼 적었다. 수입은 없는데 혼자 일하기엔 적적하다는 이유로 덥석 파트타임 간사까지 뽑았다. 다달이 들어가는 월세며 파트타임 간사 급여를 주려면 최소 백만 원은 필요한데, 자체 수익은 고작 이삼십 만원에 불과했다. 주부로 지내다 돈을 벌자니 단돈 백만 원을 손에 쥐기가 만만치 않았다. 결국 여기저기 개인 강의를 뛰어서 간신히 한달 한달 넘기는 날들이 이어졌다.

자존심 때문에 남편에게 하소연도 못 하고, 월말이 돌아오는 게 호환마마보다 무서웠다. 그동안 일하는 남편에게 잔소리를 쏟아놓으며 '그깟 일 좀 한다고 늦게 오고, 내가 벌어도 그만큼은 벌겠다'했던 게 후회스러웠다.

채 3개월이 지나지 않아 접을 궁리를 시작했다. 접으려면 소문나기 전에 빨리 접는 게 낫지 않겠나, 시작한 것만으로도 장하다, 스스로 합리화하던 와중에 〈소셜벤처 경연대회〉 소식을 들었다. 사회를 바꾸는 좋은 사업 아이디어를 내놓는 대회라고 했다. 대회에 출전하려면 사업계획안을 작성해 제출하라고 했다.

사.업.계.획.안이라…. 내 인생에 없던 단어였다. 문학에다 사회학 분야를 전공한 사람에겐 미적분만큼이나 낯선 용어였다. 양식은 또 왜 그리 복잡한지. 사업목표는 그냥저냥 몇 자 적겠는데, 시장분석이나 유사사업체 분석, SWAT, 예상수익, SROI 등의 항목들은 차라리 암호에 가까웠다. 노트북을 앞에 두고 껌뻑이는 커서를 한참 동안 바라만 보다가 덮기를 수없이 반복하다가 에라, 모르겠다. 일단 써보자는 심정으로 사업하는 친구들에게 조언을 구해가며 빈 칸을 채워 나갔다.

서울강원지역 대회가 열리는 날, 〈함께일하는재단〉 지하 강당은 호기로운 사람들의 열기로 가득했다. 경쟁자들의 자신감 넘치는 얼굴을 보니 저절로 주눅이 들어 애꿎은 화장실만 들락거렸다.

드디어 내 차례가 왔다. 후들거리는 다리와 나대는 심장을 간신히 가라앉히고 단상에 섰다. 발표 시간 8분, 질의 시간 7분이 어떻게 지나갔는지 모르게 후딱 흘렀다. 예상 외로 심사 위원 중에 두 분은 호기심 띤 눈으로 미소를 지었고, 경영학 교수인 듯 보이는 한 분은 꽤나 냉정하게 평가해서 오금이 저렸다.

결과는 우.수.상. 상금이 200만 원이었다. 어안이 벙벙했다. 오합지졸 급의 보잘것없는 사업계획안으로 상을 타다니. 심사를 잘못한 건 아닐까 의심스러웠지만, 진짜 무효라고 할까 봐 얼른 상장을 끌어안고 집으로 왔다. 하늘에서 한 줄기 빛이 내려오는 느낌이었다. 뭔가 되긴 되는구나, 싶었다.

지역대회 수상자는 전국대회 자동출전이라기에 할 수 없이 11월 5일 전국대회에 출전했다. 말 그대로 전국에서 모인 쟁쟁한 팀들이 와글와글했다. 화려한 그래프에다 동영상으로 수놓은 퀄리티 높은 PPT를 보니 눈이 뱅글 돌아갔다. 재활용한 나무로 만든 시제품을 나눠주는 팀도 있었다. 지역대회는 댈 것도 아니었다. 팀원도 없이 지인을 하나 불러 단 둘이 출전한 터라 초라하기 그지없었지만, '죽기 아니면 까무러치기'라는 심정으로 발표를 마쳤다. 결과는 또 우.수.상. 이번에는 상금이 무려 1,500만원이었다. 게다가 사업지원금으로 3,000만원을 준다고 하니 하루아침에 4,500만원이 하늘에서 뚝 떨어진 셈이었다.

저절로 손이 모아졌다. '에코팜므를 포기하지 말라는 하늘의 계시구나.' 혼자서 고생하는 모습이 가여워 하늘에서 선물을 내리는 거라고 믿을 수밖에 없었다. 선물 치고는 너무 커서 어찌할 바를 몰랐다.

☐ 보람은 개나 줘버리세요.

상금에 사업지원금까지 나오니 마음이 풍선처럼 부풀었다. 물 들어올 때 노 저으라고 했던가. 젊은이들이 많이 모이는 홍대 앞에 매장을 내고 싶었다. 다른 매장이나 인터넷 사이트를 통해 팔면 30%나 되는 수수료를 물어야 하니, 직접 팔아서 수익을 다 챙기자는 심산이었다. 그때는 몰랐다. 매장을 운영하는 게 얼마나 어려운 일인지, 조물주 위에 건물주라는 말이 왜 있는지.

마이너스 통장까지 털어가며 무리해서 낸 매장은 파리만 날렸다. 주말이면 밀려 다닐 만큼 홍대 앞 거리에 사람이 넘치는데, 유독 우리 매장에는 손님이 없었다. 알고 보니 홍대 앞의 그 많은 매장들 중에 잘 되는 곳은 몇 군데뿐이었다. 나머지는 빛 좋은 개살구인 것이었다. 지역 신문에 홍보도 하고, 전단지를 만들어 뿌리고, 할인행사도 해봤지만 허사였다.

결국에는 외부행사를 뛰어 번 돈으로 매장 월세를 메우는 형국으로 전락하고 말았다. 일산 사무실, 홍대 사무실, 홍대 매장. 매달 아귀처럼 입을 벌리고 돈 달라는 곳이 세 군데에다가 파트타임 간사 월급, 인턴들 활동비를 버느라 주말도 없이 행사장을 돌았다. 2010년 한 해만 무려 50번 넘게 판매행사며 책 읽기 행사, 음악공연, 강의 등을 나갔으니 몸이 남아나질 않았다. 얼굴이 노랗게 뜨고 다크서클이 턱 밑까지 내려왔다.

시골에서 흙 파먹고 자란 덕분에 강철체력을 자랑하는 나도 후덜덜 떨릴 만큼 힘든데 스텝들은 오죽했을까. 달을 거듭할수록 비디아(김보은, 첫 직원)의 얼굴이 노랗다 못해 거무스름해졌다. 말은 안 해도 이마와 볼에 '불평불만'이라는 네 글자가 여드름처럼 돋아나는 것 같았다.

2012년 여름쯤이었나 보다. 조마조마해 하던 차에 비디아가 하루는 입을 열었다.

"나비(에코팜프에서 쓰는 별명), 저기요… 주 4일만 일해도 될까요? 저희 언니가 유방암 2기래요. 몸이 약한 엄마가 혼자 감당하시기에 역부족이라 제가 대구에 자주 내려가 봐야 할 것 같아요."

처음엔 말도 안 되는 소리라고 생각했다. 주 5일에 주말까지 갖다 바쳐도 유지하기가 빠듯한 형편에 주 4일 근무라니, 얼토당토하지 않은 제안이라 여겼다.

"사정이 그렇다니 생각해 봅시다."

대충 얼버무리고 며칠 동안 생각에 잠겼다. 2010년 2월에 와서 초창기 멤버로 동고동락한 동료의 청을 마다할 수는 없는 노릇이었다. 가족의 아픔을 내 몰라라하는 악덕 대표가 되고 싶지는 않았다. '이 참에 나도 일을 좀 줄여 볼까?' 하다가도, '지금도 간신히 연명하는데 재정이 구멍 나면 어떻게 메우지?' 고민이 길어졌다. 결국 비디아가 요청한 대로 해보기로 크게 마음먹었다.

연간 50회에 달하던 행사를 20회 정도로 줄이고 대신 수익이 어느 정도 나는 축제나 수입이 괜찮은 강의 중심으로 일정을 잡았다. 결과는 예상 밖이었다. 근무일을 줄였는데 의외로 수익은 약간 늘어나는 것이었다. 놀라운 일이었다. 에코팜므가 조금씩 자리를 잡아가나 싶은 마음에 기뻤고, 비디아 역시 고마운 마음으로 더욱 열심을 내서 일해 주었다. 둘 다 얼굴에 먹구름이 걷히기 시작한 시점이었다.

당시만 해도 비디아나 나나 월 50만원을 받고 봉사나 다름없이 일하던 터라 월급을 현실화시키고픈 마음이 굴뚝 같았지만, 수입이 극적으로 늘어나지 않는 한 꿈에 불과했다.

주3일 근무, 일 년에 한 달 안식월

2013년 1월, 획기적인 일을 저질렀다. 주 4일 근무를 주3일로 줄이고 모든 스태프가 일 년에 한 달 쉬는 '안식월' 제도를 도입한 것이었다. 곰곰이 생각해 보니, 주 4일이 되는데 주 3일은 안 되라는 법이 없어 보였다. 급여를 많이 주지 못할 바에야 일하는 시간을 줄여 주고, 그에 맞게 호봉체계를 세우자 마음먹었다.

한 번 마음먹기가 어렵지, 생각을 굳히면 곧바로 행동에 옮기는 성격인지라 근무형태를 완전 탄력제 방식으로 전환했다. 요즘 유행하는 말로 하자면 디지털 노마드 방식이랄까, 워라밸의 구현이랄까, 뭐 그런 거창한 이름을 붙여도 좋을 만했다. 주간회의를 하는 화요일을 제외하고는 출퇴근 시간을 없애 버렸다. 어디에서 어떻게 일하든 자기가 맡은 일만 기한 내에 제대로 마치면 되는 방식을 도입했다.

몇몇 시민단체의 홈페이지에서 노출된 급여 정보를 얻고, 친한 단체 대표에게 물어가며 단체를 설립한 지 4년 만에 비로소 '호봉체계'라는 걸 만들었다. 당연히 대표인 내 급여가 껑충 뛰었고, 비디아의 급여도 30% 정도 올랐다. 주 5일에 월화수목금금금 일하면서 50만원을 받던 흑역사를 털어 버리는 순간이었다. 주 3일제에 일 년에 한 달 안식월, 4대 보험 보장하고 월 100만원 정도씩 받아가기 시작했다. 가히 '노예의 직장에서 신의 직장'으로 거듭 났다고 해도 과언이 아니었다.

처음에는 불가능해 보이던 일이 너무 당연하게 여겨지는 데에 불과 몇 개월밖에 걸리지 않았다. 주 3일을 집중해서 자유롭게 일 하니 능률도 오르고 얼굴에는 홍조가 돌았다. '왜 진작 이렇게 운 영하지 못했을까?' 후회스럽기까지 했다. 물론 맨땅에 헤딩하며 산전, 수전, 공중전을 다 겪었기에 가능한 일이었지만 말이다.

주 3일을 에코팜므 일에 쏟고도 이틀이 남았다. 월, 화, 목은 에 코팜므 일을 하고 수요일은 '나를 위한 날'로 정했다. 하루 남은 금 요일에는 외부 강의를 하거나 글을 썼다. 소위 '다품종 소량생산' 의 시대가 도래한 것이었다. 시민단체 대표로만 죽을상을 하고 끙 끙대며 살던 때에 비해 삶이 여유롭고 만족도가 높아졌다.

저녁에 늦는 날이면 종종거리며 아이들을 이웃집에 맡기는 일이 줄어들었다. 주말 행사를 한 달에 한 번 정도로 줄이니, 토요일과 일요일 이틀을 온전히 가족과 보낼 수 있어 좋았다. 저녁과 주말이 있는 삶이 가능해진 것이었다. 남편은 여전히 주중에는 새벽까지 일해도 끝내지 못할 만큼 많은 일을 했지만, 비슷한 시기에 '연구월'을 도입한 덕분에 '일 년에 한 달을 가족여행'으로 제주와 동남아를 돌아다니는 호사를 누리기 시작했다.

시민단체에서 일하는 부부의 월급이 뻔한데 일 년에 한 달씩 가족여행을 다니니까 어떤 이는 여행 스폰서가 있느냐고 진지하게 물을 정도였다. 당연히 그런 부자 천사는 없었다. 사교육비를 거의 쓰지 않는데다, 전세를 살며 집에 쓰는 돈이 없다 보니 여행비를 모을 수 있었던 것이다.

2013년에 나를 작가로 데뷔시켜 준 〈내 이름은 욤비〉와 2016년에 쓴 〈세계시민수업: 난민〉에서 1년에 한 번 나오는 인세도 많든 적든 온전히 여행비에 보탰다.

아이들도 데려오세요

2009년에 혈혈단신으로 시작한 단체가 2014년에는 4명으로 늘어났다. 여섯 살과 네 살바기 두 딸을 키우는 모리(이보미)가 행정담당으로 결합하고, 초창기부터 프리랜서로서 에코팜므의 거의 모든 디자인의 원화를 그려내던 콩고여성 미야가 스태프로 들어왔다. 비디아가 결혼을 하면서 '전 직원의 유부녀화'가 이루어졌다.

2004년에 한국에 와서 난민 신청을 한 뒤 장장 7년이 걸려 난민 지위를 인정받은 미야가 스태프로 합류하니 명실상부 난민 지원 단체로서 면이 섰다. 처음에는 주간회의에 영어나 불어를 섞어 썼으나 미야의 한국어가 날로 유창해지면서 90% 이상 한국어로 회의를 하는 날이 많아졌다.

근무 시간을 딱히 정하지는 않지만, 아이들을 돌봐야 하므로 오전 10시에서 오후 3시 정도 사무실에서 일하고, 남은 일은 아이를 먼저 챙긴 후에 저녁 늦게 하는 식으로 바뀌었다. 일반 직장에서는 감히 상상도 할 수 없을 정도로 탄력적인 근무제도였다.

모리의 큰 아이가 어린이집에 다닐 때까지만 해도 환상적인 시스템이라고 여겼다. 문제는 하람이가 초등학교에 입학한 후에 드러났다. 많은 워킹맘들이 큰 아이가 초등학교에 들어가는 시점에 직장을 그만둔다고 하지 않던가. 모리도 고민에 빠졌다. 하람이가 학습 위주의 방과후 돌봄교실에 적응을 잘 하지 못했기 때문이었다.

업무의 특성상 협업을 해야 할 때는 사무실에 나와야 하니, 아이를 기다리며 집에만 붙어 있을 수도 없었다. 그렇다고 일주일에 고작 하루 이틀 하는 사무실 근무 때문에 학원뺑뺑이를 돌릴 수도 없는 노릇이었다. 모리는 고민에 빠졌다.

"나비, 제가 너무 일찍 세상에 나온 걸까요?
집에서 아이를 더 돌봤어야 했던 게 아닐까 후회가 돼요."
"모리, 그 심정을 모르는 바 아니지만 마음을 굳게 먹어요.
에코팜므처럼 융통성 있는 조직에서도 일을 못하고 그만두면 그 어디에서도 일할 수 없어요."
"아… 그렇겠죠?"
그날 집으로 돌아간 모리는 하람이에게 대놓고 물었다고 한다.

100

'엄마가 일을 그만 두고 집에 있으면 좋을까?'라고. 하람이의 대답은 이랬다. "아니, 엄마가 일하는 게 좋아. 그리고 그만두면 에코팜므 이모들 못 보잖아."

나중에 전해 듣고 가슴이 뭉클했다. '에코팜므 이모들' 중 한 명으로서 뿌듯했다. 그 전에도 이후에도 하람이와 하원이는 에코팜므의 행사와 워크숍에 거의 빠짐없이 출석했다. 주로 봄, 가을에 비정기적으로 열리는 워크숍 장소를 잡을 때는 아이들이 같이 가도 좋은 장소를 골랐다. 아이들이 놀다가 자도 좋은 저렴한 호텔을 택하기도 하고, 홈스테이 방식으로 집 전체를 쓰는 가정집을 찾아내기도 했다.

지난해 연말 워크숍을 할 때는 아이들의 '재미'를 고려해 이층 침대가 있는 집을 골랐는데 예상이 적중했다. 하람이와 하원이는 회의를 방해하지 않으면서도 감초 노릇을 하며 워크숍을 즐겼다. 혹시 새로 들어온 스태프인 리지(이유민)가 비혼이라 부담스러워하지 않을까 약간 걱정했으나 기우였다. 늘 똑 부러지는 성격과 합리적인 모습은 온데간데없이, 노련한 어린이집 선생님처럼 아이들과 어울리는 모습에 마음이 흡족했다.

다름을 존중하는 일 공동체

2019년 4월 현재, 에코팜므의 직원은 모두 다섯이다. 대표 노릇을 하는 나(나비)와 콩고 여성 미야, 모리 그리고 이제 막 1년 된 새내기 리지, 육아휴직 중인 비디아. 각자 맡은 영역이 분명하다.

나는 주로 기획과 총괄, 외부 미팅을 맡는다. 미야는 상품 개발에 필요한 원화를 그리거나 다른 난민여성에게 그림이나 캘리그라피를 가르친다. 모리는 회계와 후원관리를 맡아 안주인 노릇을 담당하고, 리서치와 능력이 뛰어나고 SNS 환경에 빨리 적응하는 리지는 난민 인식개선을 위한 강의를 기획, 진행하거나 홍보 업무를 주로 해낸다. 내부 디자이너와 상품개발자 역할을 하던 비디아가 당분간 휴직 중이라 외부 디자이너의 도움을 받고는 있지만, 올 9월에 컴백한다니 반가운 소식이다.

각자 일에 집중하다가도 포장 업무나 수공예품의 마무리 작업이 많으면 다 같이 쪼그리고 앉아 가내수공업을 돌린다. 주로 머리를 굴리지만 몸도 적잖이 쓰는 편이라 균형을 이룬다.

에코팜므를 시작하고 나서 나를 비롯해 스태프들 모두 여러 가지 기능을 익혔다. 도예수업을 진행하면서 도자기도 같이 만들고, 캘리그라피 수업을 직접 진행하기 위해 전문가들에게 배우기도 했다. 판화 기법을 상품에 응용해 보려고 서예의 달인에게 전각을 전수받기도 했다.

대학에서 마케팅을 전공한 미야는 2008년에 다문화공방에서 그림을 처음 시작할 때만 해도 '나는 예술에 재능이 없어요'라며 꽁무니를 뺐었다. 2009년에 에코팜므를 같이 시작하면서 좋든 싫든 수많은 그림을 그려야 했고 지금은 수준급이다. 공예보다는 그림 그릴 때 더 실력을 발휘하는 걸 보니, 손으로 하는 것도 세부적으로 들어가면 분야가 다 다른 모양이다.

초창기부터 한동안 미야에게 그림을 가르쳐 준 반디(조혜전 작가)는 '많이 배울 필요 없다'고 했다. 소실점도 안 맞고 구도도 엉터리지만 나름대로 멋지다고 했다. 제도권에서 그림을 배운 사람은 도저히 흉내 낼 수 없는 독특함이 묻어난다는 것이었다. 작년 여름에 인턴으로 왔던 미국 유명 미술대 학생인 수(정해수)도 미야의 그림을 보고 감탄을 금치 못했다. '이게 요즘 뉴욕에서 유행하는 스타일이에요'하는 말을 들으니 어깨가 한 뼘은 올라갔다.

작년에 최초의 난민 여성 인턴으로 일했던 하이미도 빼놓으면 서운하겠다. 에티오피아에서 소수족으로 박해를 받아 한국에 온 하이미는 에코팜므에서 봄가을로 진행한 〈모자이크 아트스쿨〉의 우등생이었다.

늘 수줍은 듯 말을 아끼다가도 그림을 그리기 시작하면 표정이 밝아졌다. 다른 이주여성 참가자들이 듬성듬성 참여한 것과 달리, 하이미는 거의 수업에 빠지지 않았다. 처음 잡아보는 동양화 붓에 시커먼 먹물을 찍어 얇은 화선지 위에 글씨를 쓰는 작업을 낯설어했지만, 이내 자유롭게 자신을 표현해 나갔다. 수채화 물감으로 채색을 할 때면 특히 더 표정이 밝았다. 본인도 모르는 자신만의 스타일이 분명히 있었다.

일 년간 수업을 열심히 따라오기에 이듬해 인턴 아티스트로 활동해 보겠느냐고 제안했을 때, 잠시 뜸을 들이더니 흔쾌히 받아

들였다. 미야가 하이미의 선생님이 되어 매주 화요일마다 드로잉과 캘리그라피 수업을 진행했다. 이제까지 배우는 입장에서 선생님이 된 미야는 듬직하게 수업을 이끌어 나갔다. 하이미도 미야를 잘 따르며 디자인상품에 필요한 그림들을 차곡차곡 그려냈다.

화요일이 한주한주 쌓이다 보니, 아프리카 꽃을 모티프로 한 핸드폰케이스, 난민캠페인 배지, 아프리카 시를 닮은 텀블러가 척척 세상에 얼굴을 내밀었다. 자신의 캘리나 그림이 담긴 상품이 나올 때마다 하이미는 눈이 휘둥그레졌다.

"이게 제 그림으로 만든 거라구요?"
하이미가 스케치북에 얼기설기 그린 것 같은 그림이 디자인 작업을 거쳐 그럴싸한 상품으로 나올 때면 모든 스텝이 둘러서서 박수를 치며 좋아했다. 특히 선생님인 미야의 미소에는 제자를 향한 자부심과 애정이 고스란히 묻어 나왔다. 서로를 응원해 주면서 새로운 기능을 익히고 발전하는 공동체가 되어가는 모습에 마음이 때로 울컥 하기도 했다.

시도하라, 길이 보일 때까지.

2019년 5월이면 에코팜므가 세상에 첫 발을 내딛은 지 딱 10년을 맞이한다. 모든 날이 아름답지만은 않았다. 때론 고개를 숙이며 울음을 삼켜야 했고, 어떤 날은 손발에 맥이 탁 풀렸다.

재작년 겨울, 절반 크기의 집으로 이사하느라 창고를 정리하다 보니 에코팜므가 얼마나 많은 시도를 했는지가 고스란히 드러났다. 웬만한 미술과 공예 재료를 망라한 모양새였다. 작은 문구점을 차려도 될 것 같았다. 심지어 인형극에 샌드아트까지 했으니 수작업으로 만든 몽골 인형들과 라이트박스, 특수모래까지 한 자리 차지하고 있었다.

재활용이 안 되는 재료들이 많아 결국 폐기전문차량을 불러야 했다. 1톤 트럭 가장자리에 널빤지로 가드를 세워 가득 담고도 모자라, 결국 몇 가지는 시골 친정집에 가져다 놓아야 했다. 정리 작업을 도와주던 남편이 비난인지 칭찬인지 모를 한 마디를 던졌다.

"여보는 후회가 없겠어요. 하고 싶은 거 다 해봤으니."
들고 보니 틀린 말은 아니었다. 정말 원 없이 시도도 하고 실패도 했다. 처음에는 너무 무모하게 들이댄 나머지 열 가지 샘플을 만들면 그 중에 한두 가지를 시장에 내놓을까 말까 했다. 샘플만 만들어 놓고 상품화 하지 못해 상자바닥에 구겨진 수공예품을 보고 있노라면 한숨이 포옥 나왔다. 어쩌겠는가. '그 아이들이 타고 난 운명이겠구나', 의인화하며 마음을 달래는 수밖에.

5년차가 지난 다음부터는 요령이 생기기 시작했다. 소위 '선택과 집중'이라는 말을 믿어보기로 한 것이었다. 생각하는 즉시 행동에 옮기는 성격이라 여전히 실수를 계속 했지만, 다른 스태프들까지 고생시키는 것 같아 자제하기로 마음먹었다. 더 이상 '이 산이 아닌가벼' 하며 바로 다른 산을 오르라고 하기가 미안해졌다. 열 가지를 하고 싶어도 참고, 그 중에 서너 가지만 입 밖으로 꺼내 놓았다. 그 중에 결국 실행에 옮기는 건 한두 가지에 불과했지만 성공률이 10~20%에서 40~50%로 높아진 셈이었다.

에코팜므 간판 프로그램인 〈모자이크 아크스쿨〉이 정착한 과정도 그러했다. 아이디어는 넘치고 변덕이 심한 나는 매번 다른 그림 선생님을 모셔 다른 그룹과 수업을 하다 별다른 열매를 거두지 못하곤 했다. 보다 못한 비디아가 어느 날 번뜩이는 제안을 들고 왔다.

"나비, 우리 이주여성 교육 프로그램을 체계화하면 어때요?

일정 기간을 정해 커리큘럼을 짜는 거예요.

그러면 더 나은 결과물이 나오지 않을까요?

진행하는 입장에서도 덜 힘들구요."

듣는 순간 '이거구나', 무릎을 쳤다. 급한 마음에 무작정 들이대는 대표보다, 한 발자국 물러서 있는 스태프가 길을 더 잘 찾을 때도 있는 법이다. 정작 비디아는 조심스럽게 제안했는데 나는 또 흥분해서 일사천리로 커리큘럼을 짜기 시작했다. 봄, 가을로 8주가 적당하다는 데에 의견을 모으고, 수업에 필요한 강사비와 재료비는 그때그때 모금을 하기로 했다.

마침 강남 사모님 몇 분이 딸과 봉사활동을 하겠다고 온 참이어서 말을 꺼내 보았다. 〈모자이크 아트스쿨〉의 교육기금을 마련해 주실 수 있느냐는 말에 흔쾌히 400만원을 쾌척해 주시는 것이었다. 그렇게 두 차례 통 큰 후원을 해 주신 덕분에 2015년 한

해를 시범적으로 운영하여 얼추 자리를 잡을 수 있었다.

그 다음 두 해, 2016년과 2017년은 도이치뱅크와 연이 닿았다. 평소 에코팜프 활동에 관심이 많던 중간지원기관의 직원이 다리를 놓아준 덕분이었다. 도이치뱅크가 한국에 있는지조차 몰랐던 나는 실무자 급을 건너뛰어 상무님과 직접 대화를 나눴고 2년간 2,000만원이라는 적지 않은 금액을 교육기금으로 제공받았다.

도이치뱅크의 지원이 끊기자, 작년에는 러쉬가 손을 내밀었다. 채러티팟이라는 기부 전용 바디로션을 판매한 금액 중에 1,000만원을 에코팜프에 지원해 준 것이었다. 단 두 페이지짜리 제안서에 그 흔한 결과보고서도 결산자료도 필요 없다고 했다. 게다가 해당 상품에 우리 단체를 소개하는 스티커를 붙여 1년간 홍보해 주겠다고 했다. 폭스Fox라는 별명을 쓰는 부장님의 명함에는 브랜드 윤리팀Brand Ethics이라고 소속이 적혀 있었다. '좋은 단체를 지원할 수 있어서 기쁘다'는 말에 눈물이 찔끔 날 뻔했다. 이게 진정한 지원사업이지, 싶었다.

하나의 길이 막혔다 싶으면 또 다른 길이 보였다. 이것이 10년 동안 에코팜므가 정부 지원을 한 푼도 받지 않고 독립적으로 일할 수 있었던 비결이라고 하겠다. 사회적 기업 인증을 받으면 머릿수대로 인건비 지원이 나오고, 전문가 한 명을 지원받을 수도 있지만 끝끝내 받지 않았다. 우리 힘으로 자립하지 못하면 기댈 수밖에 없을 것이고, 그러다 동력이 떨어지면 포기할 것이라는 확신 때문이었다.

되도 않는 객기를 부린 덕분에 결국 에코팜므를 운영해 온 10년 동안 '재미와 의미라는 두 마리 토끼를 잡을 수 있었다.

난민 여성을 리더로

2009년 12월, 홍대의 작은 카페에서 첫 전시를 하던 날이었다. 난생 처음 전시라는 걸 기획하고 준비하며 꽤나 마음 졸였더랬다. 난민 여성들이 스케치북에서 부욱 찢어온 그림들을 고르고 원목 액자를 맞추면서, 그림이 하나라도 팔릴까 싶어 불안하기도 했다. 무엇보다 난민 여성들이 어떤 반응을 보일지 기대 반 걱정 반이었다.

조금 늦게 도착한 콩고 난민 친구들은 카페에 들어서자마자 눈이 휘둥그레졌다. 정말 자기들이 그린 그림이 맞는지 믿지 못하는 눈치였다. 멋스러운 액자에 담겨 카페의 핀 조명을 받으니 제법 그럴듯한 작품 같아 보였던 것이다.

미야가 상기된 목소리로 말했다.
"마담 박, 우리의 재능을 전시해 주어 고마워요."

등줄기를 타고 소름이 오소소 돋았다. 바로 내가 듣고 싶었던 그 말이었다. 아프리카 난민 여성들의 재능을 세상에 알려 난민도 재능 있는 사람이라는 사실을 알리는 일. 무엇보다 아프리카 난민

여성 자신이 자신의 재능을 깨닫고 자존감을 높였으면 했다.

첫 전시에서 그림을 몇 점 팔지는 못했지만 동네잔치처럼 흥겨
웠다. 젬베 리듬에 맞춰 콩고 엄마들이 둠칫둠칫 몸을 흔들고, 한
국인 참가들도 어깨를 들썩이며 한껏 분위기가 고조되었다.

다음 해에 〈오르그닷〉이라는 사회적기업과 진행한 'Afrique,
Mon Afrique 아프리카 나의 아프리카' 프로젝트도 반응이 뜨거
웠다. 유기농 면으로 만든 친환경 티셔츠에 콩고 여성들의 그림을
넣는다는 기획이었다.

나무를 이고 가는 아프리카 여성, 익살스러운 아프리카의 가면
들, 젬베를 연주하는 아프리카 뮤지션을 담은 티셔츠들은 까다로
운 한국 소비자들에게 호기심과 만족감을 안겨주었다.

〈슬로비〉라는 카페에서 런칭 파티를 하던 날, 콩고 친구들이
아이들까지 데려와 함께 즐기기로 했다. 그날따라 신경 써서 차려
입은 미야와 줄리에뜨를 무대 앞으로 불러 본인들의 그림이 들어
간 티셔츠를 증정하는 순서였다.

미야가 감격에 겨운 목소리로 소감을 전했다.

"너무 기뻐요.

한국 사람들이 콩고의 문화를 입고 다니는 거잖아요."

에코팜므를 시작하고 3년쯤 지났을 때였던 것 같다. KBS에서 에코팜므 이야기로 다큐를 만든다며 찾아왔다. 구멍가게만 한 작은 시민단체인데다 아직 많이 알려지지도 않았는데 지상파 방송국에서 촬영을 한다니 마냥 신기했다.

그림 수업이며 회의하는 모습, 홍보 행사, 이야기 공연하는 장면 등. 에코팜므의 일거수일투족을 카메라에 담았다. 3주 간의 긴 촬영을 갈무리 할 즈음, 담당 PD가 농담 삼아 말을 던졌다.

"미야, 마담 박에게 제일 고마운 게 뭐에요?"

나는 속으로 이제까지 그들에게 해준 여러 가지 일들을 떠올렸다. 그 중에 뭘 먼저 말하려나 꼽아 보고 있는데 미야는 영 생뚱맞은 대답을 내놓았다.

"마담 박은 항상 곁에 있었죠. She is always there."

처음에는 무슨 말인지 언뜻 이해가 가지 않아 내심 서운하기도
했다.

'그럼 내가 어디 간단 말이야. 내가 항상 여기 있지 어딜 간다
고.'

시간이 흐르면서 이상하게도 그 말이 마음 깊이 들어와 울림을
주었다.

'그렇지. 어떤 상황에서도 서로 옆에 있어 주는 것. 그게 제일
중요하지.'

10주년을 맞아 시즌 1을 마감하면서, 에코팜므는 또 다른 무모
한 시도를 하기로 했다. 창립 전부터 함께 해온 콩고 난민여성 미
야를 대표 자리에 올리기로 한 것이다. 실은 3년 전에 처음으로
말을 꺼냈었다.

"미야, 제가 딱 10년만 채우고 대표 그만할 건데

미야가 대표를 맡으면 어때요?"

떠보듯이 던진 말에 미야는 한 치의 주저함도 없이 답했다.

"와이 낫?"

너무 쉽게 수락하자 내가 오히려 더 놀랐다.

"진짜? 진짜죠? 한다고 했어요."

미야의 '와이 낫 정신Why not spirit'이 움트기 시작한 날이었다. 그 후로도 어떤 제안을 하면 미야는 다소 무리가 있어 보여도 웃으며 '와이 낫'이라고 답했고, 결국 힘들어도 같이 이뤄냈다. 난민으로 한국에 와서 살며 이리저리 치이느라 자존감이 많이 깎였을 법도 한데, 미야는 항상 올곧고 여유가 있었다.

'내가 만일 정치 난민으로 말도 안 통하고 피부색 때문에 차별당하는 나라에 가서 미야처럼 당당하게 살 수 있을까?'

여러 번 자문해 보았다. 답은 거의 항상 '아니오'였다. 2006년에 마로니에 나무 아래서 땡볕을 피하며 인사를 나눈 후 13년이 흐르도록 미야는 항상 위엄을 잃지 않았다.

2017년 여름으로 기억한다. 미야의 어머니가 벨기에에서 딸을 보러 먼 길을 날아 오셨다. 2004년에 스파이로 몰려 작별 인사도 제대로 못하고 콩고를 떠났으니, 무려 13년 만에 처음으로 다섯째 딸을 대면하는 것이었다.

한정식 집에서 처음 마주한 미야의 어머니는 한 눈에 보아도 기품이 느껴졌다. 처음 맛보는 한국 음식인데도 최고의 찬사를 아끼지 않았다. 고급스러운 불어 단어로 음식마다 구체적으로 칭찬을 덧붙였다. 온화한 눈빛이나 찬찬한 몸짓에서도 저절로 여유가 묻어 나왔다.

본인 역시 미야의 일로 불미스럽게 고국을 떠나 벨기에에 정착하기까지 적잖은 고생을 했고, 그 일로 뇌질환을 얻은 남편을 일찍 여의었으나 어두운 면이 느껴지지 않았다.

국립중앙박물관에 모시고 갔을 때도 반응이 남달랐다. 신라 시대 때 동해 바다에 침몰한 보물선에서 나온 유물들을 전시하고 있었는데, 솔직히 나는 별로 재미가 없었다. 국보급은 하나도 없고 귀퉁이가 떨어져 나간 그릇이나 녹슨 동전이 대부분이었다. 하지만 미야 어머니는 연신 '어머나, 세상에' 같은 감탄사를 쏟아놓으며 오랜 시간을 들여 유물들을 살펴보았다.

미야의 올곧은 인품이 바로 어머니에게서 왔구나, 확인하는 게 기였다. 내가 아니었어도, 에코팜므가 발굴하지 않았더라도 잘 될 수밖에 없는 사람이었구나, 생각하니 한 편으로는 살짝 허무했고 다른 한 편으로는 자랑스러웠다. 어머니가 다녀가신 후로 더더욱 역시 대표감이구나, 확신하기에 이르렀다.

에필로그

"왜 대표를 그만두나요?"

이런 질문을 여러 번 받았다. 사실 굳이 그만둘 필요는 없다. 윤리적으로 크게 잘못을 저지르지 않는 바에야, 줄곧 대표직을 맡는다고 해서 누가 나무라지는 않을 테니 말이다.

10년을 딱 채우고 깔끔하게 대표직을 내려놓는 이유는 세 가지 정도라고 하겠다. 우선, 나는 원래 지루한 것을 잘 견디지 못하는 성격이다. 같은 길을 두 번 가기 싫어서 올 때는 다른 길로 굳이 돌아오는 사람이 10년을 채운 것 자체가 용하다고 하겠다.

두 번째는 좀 더 진지한 이유이다. 에코팜므처럼 작은 시민단체에서는 대표가 바뀌지 않으면 팀원들의 리더십을 키우기가 어렵다. 대부분의 작은 시민단체들은 사오십 대 남자가 오랫동안 대표로 일하고, 그 아래로 이십대 여자 간사들이 자주 바뀌는 식으로 유지된다. 급여는 적은데 일은 많고, 보람을 먹으며 일할 수만은 없는 노릇이다. 경력이 쌓이고 성장하는 만큼 책임도 커져야 오래 일할 수 있다고 본다.

마지막으로, 에코팜므는 난민을 위해 난민과 일하는 단체다. 아무리 내가 10년 넘게 난민과 더불어 살고 일했다 해도 나는 제3 자의 입장이다. 난민이 직접 리더로 나서 다른 난민을 위해 일한 다면 생각지도 못했던 일들이 펼쳐지리라 기대한다.

미야는 아직 한국어도 서툴고 자기만의 네트워크도 약하다. 하지만 세련미 넘치는 영어와 불어를 구사하고 사람을 사귀는 데 편견이나 주저함이 없다. 무지하고 열정만 넘치는 대표로 좌충우돌하던 시절의 나에 비하면, 스텝으로 4년을 단련 받았으니 시작이 더 나은 편이다.

앞으로 미야가 대표로 일구어 나갈 에코팜므의 시즌2를 사뭇 기대한다. 유럽과 미국, 아시아를 넘나들며 글로벌한 단체로 탈바꿈할 모습을 감히 꿈꾸어 본다.

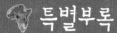 특별부록

2018 모자이크 아트스쿨의 스페셜 클래스 이야기

"와 주셔서 감사해요."
Thank you for coming:
24hr refuge

글 : 수 (정혜수)

번역 : 리지 (이유민), 감수 : 니비 (박진숙)

아티스트인 엄마 덕분에 아주 어릴 적부터 예술을 접하며 자랐다. 손에는 항상 바비 인형 대신 색연필을 쥐고 있었다. 일요일이면 눈을 뜨자마자 거실로 가 종이에 그림을 그리고, 그걸 모아 작은 책을 만들었다. 그때 만든 책이 지금도 많이 남아 있는데 볼 때마다 즐거운 기억이 떠오른다. 매일같이 뭔가를 만드는 게 일상이었다. 그 일련의 과정들을 굳이 '예술'이라고 정의한 적은 없었다. 꼭 '적합한 결과물'을 내놓아야 할 필요나 압박도 없었다. 창작 작업의 '옳은 방법'을 배운 적이 없었지만 오히려 그 덕분에 만드는 과정이 무척이나 즐거웠다. 옳고 그름 같은 건 존재하지 않았고, 외부의 기대도 딱히 없었다. 그저 머릿속에 있는 생각들을 형상화하기만 하면 되었다. 말 그대로 모든 것이 가능했다. 뭔가를 만들 때마다 엄마에게 칭찬을 들었다. 창의성과 자기표현을 인정받으니 정말 기뻤다.

내 삶에 가장 큰 영향을 준 사람도 엄마였다. 엄마는 나에게 자주 '생각주머니'라는 표현을 사용하셨다. 나는 머릿속 생각주머니에 창의적인 생각과 아이디어들을 넣어두고는 했다. 성장기 동안 생각주머니가 더욱 커질 수 있도록 엄마는 가능한 한 모든 노력을 아끼지 않으셨다. 예를 들어, 매주 주말마다 나를 데리고 전시회에 갔다. 미술관이나 박물관에 갈 때마다 엄마는 예술이 가장 궁극적이고 우월한 형태의 언어라고 말씀하시곤 했으며, 작품을 감상할 때는 나만의 관점을 구축하도록 가르치셨다. 특정 작품에 대해 지식을 얻는 것보다, 어떤 생각이나 감정이 떠올랐는지를 더 알고 싶어 하시는 눈치였다. 전시회 후 집에 돌아오면 우리는 종종 간단한 감상문을 썼다. 글쓰기는 썩 좋아하지 않았지만 예술을 이야기할 때는 항상 마음이 편했다. 그림을 이야기하면서 간접적으로 감정을 드러내었고 나라는 사람을 형성해 나갔다.

어느새 10대가 되어 사춘기가 찾아왔다. 갑자기 예술이 나와 그다지 관계가 없는 것처럼 느껴졌다. 점점 예술에서 멀어져 거의 잊어버렸다. 일요일마다 일어나 작은 책을 만들거나 심심할 때 그림을 그리는 일상도 사라졌다. 세상에는 인터넷이나 영화, 친구들처럼 더 흥미로운 존재들이 많았다. 엄마와 여전히 주말마다 전시회에 갔지만 이제는 습관적인 일상에 불과했다. 백 가지도 넘었던 다양한 색연필들을 박스에 담아 어디론가 내팽개쳤고, 박스를 굳이 꺼내볼 마음도 들지 않았다.

개인적인 이유로 중학교를 자퇴한 후에 감정적으로 깊은 수렁에 빠져들기 시작했다. 내면세계가 목소리 없이 텅 빈 것 같은 기분이 들 때 가장 힘들었다. 알고 있던 모든 게 사라진 기분이었다. 영화도 보고, 음악도 듣고, 책도 읽었지만 그 어떤 것도 만족스럽지 않았다. 그러던 어느 날, 문득 색연필 상자가 생각나 꺼내들고 마치 기계처럼 쉼 없이 그림을 그렸다. 매일 그리기 위해 사는 것 같았다. 거기에 집중하다 보면 현실에서 도망칠 수 있었지만 다시 행복해지진 않았다. 그리는 행위는 그저 생존을 위한 몸부림이었을 뿐이었다.

그러다가 조금씩 나아지기 시작했다. 다시 시작한 창작활동 덕에 언어로는 정리되지 않던 감정과 생각을 표현해 볼 수 있었다. 다시 자유로워졌고 삶의 균형을 잡았으며 잃어버렸던 내면의 목소리를 되찾아갔다.

서서히 예술 활동에서 즐거움을 다시 발견하고 다음 단계로 나아갔다. 15살에 도피하듯 미국의 뉴욕으로 건너간 얼마 후에, SVA(School of Visual Arts)에 합격해 시각예술과 비평 연구(Visual and Critical Studies)를 전공하게 되었다. 갑자기 혼자 외국에 나가 대학에 다니게 되었으니 들뜨기도 했지만, 동시에 겁도 났다. 그런 와중에 예술은 외국인들과 나를 연결하는 언어, 다리, 정체성이 되었다. 학교는 나 자신을 위한 창작활동에 집중하는 공간과는 전혀 다른 환경이었다.

예술작품을 해석할 때 역사와 문화의 맥락을 살펴보도록 교육을 받았다. 작품을 만들 때는 예시가 주어졌다. 작품을 만들어 수업에 가져가면 날카로운 논평이 돌아왔다. 학교는 많은 것을 가르쳐 주었지만, 동시에 예술 활동에 전념할 때 느꼈던 기쁨을 천천히 앗아갔다. 나는 어느 새인가부터 다른 사람들을 기쁘게 하기 위해 작품을 만들기 시작했고, 표현 기법이 점점 반복적으로 굳어가는 걸 보며 왠지 함정에 빠진 기분이 들었다. 작품을 마음 편히 감상하기 어려워졌다. '눈앞에 놓인 이 작품을 분석해야 한다'는 압박감에 시달리기 시작했다. 예술과 분리되는 느낌이 들어 혼란스러웠다. 작품 활동을 발전시킬 수 있도록 설계된 주변 환경 때문에 오히려 예술 활동에 관심을 잃고 말았다. 어릴 때부터 알아온 예술의 강력한 힘이 서서히 사라지고 있었다.

게다가 박물관과 미술관은 '예술은 모두를 위한 것이다'라는 명제에 의문을 갖게 만드는 공간이었다. 감탄을 자아내는 예술작품, 클래스, 여러 가지 대화까지, 개인뿐 아니라 사회의 성장에 크게 기여할 수 있는 가치 있는 것들은 그저 흰 벽으로 이루어진 작은 공간 안에 머무를 따름이었고, 그마저도 입장료 25달러를 내야 누릴 수 있었다. 대중은 접근하기 힘들고 엘리트들만이 누리는 것이 예술인가, 내가 군이 이 시스템에 기여하고 싶은 건지 의구심이 솟아났다.

예술 자체와 예술 세계에 대한 끝없는 질문과 의심 때문에 학교를 어서 졸업해 벗어나기를 바라기에 이르렀다. 예술에 대해 배운 내용을 어떻게 평상시에 예술을 가까이에서 접하지 못하는 많은 사람들에게 알릴 수 있을까? 예술이라는 도구를 어떻게 개인의 성장을 위해서나 장기적으로는 사회에 기여할 수 있는 힘으로 사용할 수 있을까? 이런 가치를 공유하는 곳을 찾고 싶었다. 그러던 어느 날, 한국에 있는 친구가 페이스북에 올린 포스터를 발견해 알려주었다. 에코팜므라는 단체의 채용공고였다. 단체의 이름이 호기심을 자아냈다. 에코팜므… 에코(환경) + 팜므(여성)인가? 페이지를 클릭해 들어가 보니, 에코팜므는 한국에 거주하는 아프리카 출신 난민여성들을 대상으로 예술을 교육하고 역량을 강화하는 NGO였다. 속으로 '이거다!'소리를 질렀다. 그동안 계속 고민하던 질문들에 답을 제공해 줄 것만 같았다. 곧장 에코팜므에 여름 인턴이 필요한지 묻는 이메일을 보냈고, 며칠 후 '인턴으로 오라'는 답이 왔다.

에코팜므 대표 '나비'는 〈모자이크 아트스쿨〉이라는 프로그램을 통해 다섯 명의 아프리카 출신 난민여성들을 가르치는 미션을 주었다. 신나면서도 긴장감이 들었다. 누군가를 가르친 경험도 없고, 난민이 어떤 사람들인지 잘 알지도 못했기에 많은 것들이 생소했다. 부끄럽지만 솔직하게 인정하자면, 에코팜므를 알기 전까지는 한국에 난민이 있는지도 몰랐다. 하지만 의구심이나 걱정에만 머물러 있을 때가 아니었다. 맡겨진 프로그램과 난민 여성 커뮤니티에 긍정적인 영향을 줄 만한 수업 안을 기획하기 시작했다.

정식으로 클래스를 열기 전, 나비는 기존 모자이크 아트스쿨

수업을 참관하면서 학생들을 만나보라고 제안했다. 나로서는 뭘 기대해야 하는 건지는 알 길이 없었다. 당시 수업 내용은 붓과 먹물을 이용한 캘리그라피였다. 교실로 들어서자 나비는 나를 다음 주부터 미술 수업을 가르칠 선생님이라고 소개했다. 난민 여성들에게 인사를 하고 곁에 앉았다. 바로 옆에 기프트Gift가 앉아 있었다. 나는 기프트를 면밀히 관찰했다. 어떤 사람인지, 뭘 하고 싶은 건지 알고 싶었다.

나비는 난민 여성들에게 혹시 명언이나 문구 외에 무엇을 써보고 싶은지 물었고, 모두 꽤 비슷하게 답했다. '자기 이름,' '가장 좋아하는 음식,' '아이들의 이름' 같은 것이었다. 각자 마음대로 창작하는 모습을 보며, 나를 표현하며 이것저것 만들어 보던 시절이 떠올랐다. '이거지!' 세상을 정확하게 반영하는 기술과 기법을 가르치기보다, 자기의 개성을 들여다보는 프로젝트를 기획해야겠다고 마음먹었다. 세상은 이러이러하다고 가르치는 것이 아닌, 세상이 어떤 것인지 보여주는 프로젝트 말이다.

두 가지 프로그램을 고안했다. 자화상 그리기와 인생그래프였다. 수업의 기본적인 틀을 잡고 나니, 한 번도 그림을 그린 적 없는 이들에게 예술을 어떻게 소개해야 할지 생각해 봐야 했다. 어떻게 시작해야 하지? 난생 처음 그림을 그려보며 예술을 배우는 사람들의 관점에서 생각해 보려고 애썼다. 맨 처음 생각난 건 '두려움'이라는 감정이었다.

그래, 그런 입장이라면 좀 겁이 날 것 같아. 그럼 그 두려움을 어떻게 극복할 수 있을까? 그러다 문득 뉴욕에서 공부할 때 나를 안전지대 밖으로 꺼내 주었던 수업이 떠올랐다. 피터 흐리스토프 Peter Hristoff가 가르쳤던 '혼합된 미디어Mixed Media'라는 수업이었다. 교수님은 창작활동을 할 때 기존에 가지고 있던 옛 습관을 깨부수는 다양한 활동을 진행했다.

그 수업에서 얻은 가장 중요한 아이디어는 '좋은 예술은 한 작품이 완성되기까지 쏟아 부은 시간이나 아티스트가 향유한 경험으로 평가되지 않는다'는 것이었다. 이는 작품을 제작하는 사람을 여러 가지 규율로부터 자유롭게 해주고, 그 과정을 본능에 따라, 두려움 없이, 무엇보다 자신감을 가지고 진행하도록 도와주는 개념이었다. 이런 생각을 난민들에게 전하고 싶었다. 거기서부터 각 수업을 참가자들의 관점에서 생각해 보며 기획했고, '왼손으로 그림 그리기', 30초 안에 그리기'같은 활동을 프로그램 안에 포함시켰다.

첫 수업 날이 점점 더 가까워져 왔다. 수업에 필요한 준비물을 준비하고, 선생님으로서 앞에 서기 위해 마음을 가다듬었다. 누구를 가르친 적이 없었기 때문에, 내가 처음 예술을 접한다면 어떤 선생님을 만나고 싶을지 상상해 보았다. 선생의 입지나 권위를 내세우고 싶지는 않았다. 필요한 걸 가르쳐 주되, 내 의견이나 아이디어를 강요하지 말아야겠다 다짐했다. 내 역할은 '선생님'보다는 '멘토'에 가깝겠다는 생각에 이르렀다. 난민 여성들의 목소리를 들어주고, 가치 있게 여겨주면서도 참여자들이 원하는 방향으로 발전하도록 돕는 역할.

막상 첫 수업 날이 돌아오자 두려움은 기대감으로 바뀌었다. 먼저 간단히 내 소개를 하고, 왜 수업에 왔는지 이야기했다. 수업 계획표를 나누어 준 후, 우리는 테이블에 둘러앉아 각자 소개를 했다. 참가자들은 꽤나 수줍어했다. 진행할 프로그램을 소개하기 위해 프리다 칼로와 척 클로즈 같은 화가들의 자화상을 보여주었다. 결과적으로 좋은 생각이 아니었다. 참가자들이 명작을 대하고 겁을 먹었기 때문이다. '예시'치고는 너무 과했다. 모두 당황한 기색이 역력했다. 이런 젠장, 순간 머릿속이 하얘졌다.

예시로 가져온 초상화들을 서둘러 옆으로 치우고, 미술수업 재료들을 꺼냈다. 스케치북과 가방을 나누어 주고, 다양한 색연필 사용법과, 스케치북의 공간을 효과적으로 활용하는 법을 설명했다. 다행히 분위기는 순식간에 바뀌었고, 모두들 즐거운 표정을 지었다. 좋았어, 속으로 외치며 이마에 맺힌 땀을 슬쩍 훔쳐냈다.

다음으로 큼직한 갱지를 꺼내 참가자들에게 나누어 주었다. 두려움과 흥분이 적절히 섞여 있는 상태를 아이스 브레이킹 활동에 사용하고 싶었다. 우선 다 같이 손을 그려보는 연습을 했다. 10분을 주었다. 손을 자세히 관찰하고 선을 따라 그려 보라고 조언했다. 역시나 다들 꽤나 혼란스러워했다. 초반에 한 번 해보고 그만두려는 분들이 대부분이었는데, "포기하지 마세요" 응원하자 계속 시도해 보는 모습이 인상 깊었다.

참가자들이 자신의 능력을 의심하는 순간마다 나는 다양한 활동을 제안했다. "오른손으로 그려 보세요! 눈을 감고 그려 보세요! 10초 안에 본인 손을 그려 보세요! 1분 안에 그려 보세요! 그리고, 그리고, 또 그려 보세요!"

한 시간 내내 여기저기서 종이 뜯는 소리가 나고, 연필을 계속 깎고, 끊임없이 그림을 그리는 과정이 계속되었다. 짧지만 강렬한 시간이었다. '예술은 이런 거다'라고 설명하기보다는 참여자들이 직접 느끼기를 바랐다. 실패나 표현력 부족을 고민하지 못하도록 빠른 속도로 진행했다. 작품을 만들려면 그저 시도하고 또 시도하는 것이 답이라는 사실을 알고 있었기 때문이다. 누군가가 그림을 그리다 말고 "저 못하겠어요"라고 말할 때마다, 손에 연필을 꼭 쥐어 주며 "아뇨, 할 수 있어요! 엄청 잘하고 있어요!"라고 말하며 북돋웠다. 이 과정을 여러 번 반복하다 보니 참가자들의 자신감이 서서히 차오르는 것이 느껴졌다. 바라던 바였다.

이렇게 모자이크 아트스쿨의 2018년 스페셜 클래스가 시작되었다. 첫 수업부터 나는 격려, 개성, 숙제라는 3가지 요소에 집중했다.

'격려'는 수업의 핵심이었다. 수업의 결과물과 상관없이 나는 참가자들을 끊임없이 칭찬했다. 예상 기대치만큼 뭔가가 나오지 않을지라도 모두가 최선을 다하고 있음을 알기 때문이었다. 노력을 알아주며 조금씩 더 해보게 용기를 불어넣는 일은 성장의 촉매제가 되었다.

수업에서 가장 중요한 부분은 모든 활동이 끝난 후였다. 학교식으로 말하자면 논평critique을 한 것이었다. 참여자들이 서로 용기를 북돋아 주고, 각각의 기법과 발전을 칭찬해 주는 모습에 감탄했다. 선생님의 의견도 중요했겠지만, 그보다는 같이 수업을 듣는 친구의 코멘트가 더 크게 다가왔다. 음악도 '격려'의 중요한 요소였고 즐거움을 주는 매체였다. 각자가 좋아하는 음악을 들으면서 긴장을 풀기도 하고 빠르게 진행하는 수업에 집중했다.

수업을 시작한 후로 몇 주가 지났다. 선생님으로서 참여자들을 돕는 역할을 수행한다기보다는, 그들이 먼저 '그려 보고 싶은 무언가'가 있거나, 더 잘 그려내고 싶을 때 여러 질문을 받곤 했다. 이 과정이 항상 매끄럽지는 않았다. 좋은 날도 그저 그런 날

This is where it all started

SKIPPY

Compact Overlock
Machine 884-B02

Home
Work

I MISS YOU Ethiopia
Ethiopia

Tixe

도 있었다. 어떤 때는 참여자 전원이 쾌활하고 자신감이 넘쳤지만, 다른 날에는 에너지가 전혀 없는 상태로 수업에 오기도 했다. 학생들의 분위기와 상관없이 나는 내 자리를 지켜야 했다. 똑같은 위치에서 용기를 북돋아 주고, 얼마나 성장했는지 이야기해 주었다.

참여자들의 개성은 절대 터치하고 싶지 않은 영역이었다. 작품 세계를 함부로 판단하거나, 내 기준으로 개념화한 예술을 가르치지 않도록 조심했다. 내 기준에서 바라본 옳고 그름을 버리고, 참가자들이 하고 싶은 게 무엇인지에 집중했다. 외부에서 말하는 여러 기법을 소개하기보다는, 각자의 그림을 놓고 이야기할 지점을 찾고자 했다.

예를 들어, 손 그리기 활동을 할 때 한 참여자가 명암 기법을 사용했다. 따로 가르친 적이 없는 스킬이었다. 그 그림을 모두에게 보여주며 얼마나 멋진지 이야기했다. 각 참가자들이 특정 기준이나 룰보다는 개성을 기반으로 발전했으면 했다. 개성을 지켜낸다는 말은 개인의 필요에 맞게 수업 방향을 맞춰야 한다는 뜻이기도 했다. 어떤 학생은 상자를 더 잘 그리고 싶다고 했다. 그래서 모두가 손 그리는 연습을 할 때, 상자를 주고 자신의 방식에 맞추어 발전하도록 도왔다.

수업에서는 시간이 많이 모자랐기 때문에 과제는 필수였다. 수업이 끝날 때마다 꼭 숙제를 내주었다. 집에 있는 세 가지 물건 그리기, 주어지는 키워드(가족, 친구, 사랑, 음식 등)에 맞는 그림 그리기 같은 것이었다. 이런 숙제의 목적은 참가자들이 자기표현과 작품 활동의 즐거움을 잃지 않도록 하는 것이었다.

참여자들이 과제물 옆에 끼적인 낙서가 인상적이었다. 어린 자녀들을 보살피는 와중에도 숙제에 에너지를 썼다는 사실을 여실히 느꼈다. 우리는 수업 중에 각자의 숙제를 공유했다. 어쩌면 참여자들은 본인들이 수업에서 배운 내용을 가족과 나누고 싶어 숙제를 해왔을지도 모르겠다는 생각이 들었다. 그래서인지 정말로 그림에 꽂히는 날이면 숙제로 그림 3개를 내 주어도 10개를 가져오기도 했다.

학생들이 작품 활동이나 자기표현에 얼마나 큰 애정과 열정을 지녔는지 실감했다. 참가자들의 성장과 열성을 직접 목격하다 보니 프로젝트에 자신감이 생겼다.

우리의 첫 프로젝트는 '자화상 그리기'였다. 참여자들이 자신을 안전하게 표현할 기회를 주고 싶었다. 사회가 끊임없이 부여하는 이름표로 보이기보다는, 각자가 본인을 직접 들여다보고 어떤 존재인지 생각해 보았으면 했다. 그동안 배운 수업 내용과 기법들을 자화상에 어떻게 녹여낼지도 궁금했다.

어떤 교수님이 해주신 조언을 기억했다. '종이가 텅 비어 보이는 게 무섭다면, 액자틀을 그려 보아라. 그렇게 하면 거기에서 시작점이 생긴다.' 자화상 프로젝트의 시작을 프레임 그리기로 열고 싶었다. 참여자들이 관찰을 통해 그려보는 과정에 익숙해지도록 수업을 진행했다. 일단 그림을 그리는 데 손이 익숙해지면 더 자유롭게 생각하고 표현하기 쉬워진다고 믿었다.

참여자들에게 거울 하나, 투명필름 한 장씩을 나누어 주었다. 전부터 연습하던 관찰 스킬을 사용해서 기본적인 형태를 잡는 일에 집중하게 하기 위함이었다. 투명 필름을 거울에 붙이고 들여다보며 얼굴 형태를 마커로 그리는 연습을 했다. 상상하기보다는 구체적으로 눈, 코, 입, 얼굴형이 어떻게 생겼는지 직접 관찰하며 그리는 데 도움이 되었다. 가장 큰 난관은 참가자들이 더 오래 차근차근 관찰하는 연습을 하도록 유도하는 것이었다. 그 전에는 짧고 간단한 활동들 위주로 연습했기에 오랫동안 집중할 필요가 없었기 때문이다. 참여자들이 너무 세부적인 것보다는 전체적인 아웃라인을 잡을 수 있도록 지속적으로 도우며 응원했다.

활동이 끝나고 나서 투명 필름에 그린 얼굴 스케치를 창문에 붙였다. 완성된 얼굴의 윤곽이 자신의 모습과 비슷한지 그렇지 않은지 웃으며 이야기했다. 그 다음 색연필, 마커를 새로 내밀었다. 이번에는 스케치북을 꺼내 종이 위에 직접 윤곽 그리기 연습을 이어갔다. 학생들에게 완성한 그림을 상상해 보라고 이야기해 주었다. "자화상이 어떤 모습을 보여주길 바라나요? 당신을 이루는 것들 중 어떤 부분을 그림으로 옮기고 싶나요?"

마지막 자화상 그리기 연습을 시작하기 전, 간단한 스케치를 해보는 게 좋겠다고 생각했다. 이번에는 관찰을 중심으로 한 그리기보다는 어떻게 자신들의 모습을 그림으로 표현하고 싶은지 개념적으로 접근해 보도록 한다는 생각이었다. 수업은 생각한 대로

진행되지 않았다. 모두가 누리던 아름다운 자신감과 웃음은 사라져 온데간데없었다.

예술 작품을 만들어 내야 한다는 압박감을 느끼고 있구나, 여기에 생각이 미치자 지난날의 경험이 떠올랐다. 남과 비교할 때 자신감이 밑바닥까지 떨어졌었다. 수업에 참여한 사람들을 찬찬히 살펴보니, 학생들이 자기 그림을 다른 사람 것과 비교하기 시작하는 모습이 보였다. 수업이 끝날 때마다 진행했던 논평 시간 때문이 아니었을까 싶었다. 제일 잘 그린 작품을 선정하거나 누가 가장 잘 그렸나 뽑는 게 아니었는데도, 어떤 부작용을 일으켰는지 이해할 수 있었다. 다시 긍정 에너지를 높이기 위해 신나는 음악을 틀고, 참여자들에게 말을 걸며 각자의 강점을 기억해 내고 그것에 집중할 수 있도록 용기를 북돋았다. 에너지가 상승하는 데에 시간이 좀 걸렸지만 결국 효과가 나타났다.

프레임을 그리는 작업을 마친 후에 색지를 꺼내 모두에게 보여주었다. 자화상을 그릴 색지를 고르는 과정에서도 각자 선택하기를 원했다. 참가자들이 이렇게 고도로 집중하며 행복해하는 모습은 처음이었다. "코는 어떻게 그리면 되나요?" "눈은 어떻게 그리죠?" "웃은요?" 학생들의 질문이 쏟아졌다. 자화상 그리기 프로젝트의 마지막 활동이라는 걸 알고 있었기에 완벽하게 해내고 싶어 하는 마음이 느껴졌다.

참가자들의 결과물에는 그동안의 노력과 애정이 잔뜩 묻어 있었다. 누군가에게 자화상을 그려 보라고 하면 주로 실제 외모보다는 개인이 본인에 대해 지닌 시각을 많이 반영한다. 자신에게 느끼는 점이나 외부로 보였으면 하는 지점 같은 것 말이다. 완성한 자화상에는 각자의 개성과 가능성이 다양하게 드러났다.

다음 프로젝트는 '인생그래프'였다. 엄마에게 받은 영감으로 이 활동을 기획했다. 엄마는 내가 자신을 찾지 못하고 있을 때 인생그래프 그리기를 가르쳐 주셨다. 인생그래프에서 내가 추구했던 모습뿐 아니라 어떤 사람이었는지, 어떤 삶을 살았고, 어떤 여정을 걷는 중인지 볼 수 있었다. 이 활동을 통해 과거를 인정하고 앞으로 나가가는 힘을 얻었더랬다. 그 경험을 난민 여성들과 공유하고 싶었다.

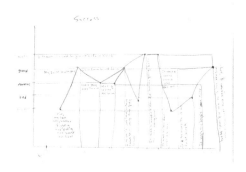

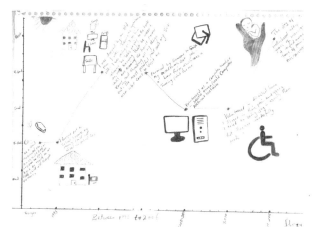

150

인생그래프는 각자의 삶 이야기에 집중하는 데 유용하다. 삶 속에서 일어났던 일들, 오르막과 내리막… 인생의 굴곡들은 각 개인이 더 강해지게 하고, 장애물에 저항할 힘을 준다. 삶 이야기를 정리하고 공유하는 과정에서 힐링을 경험하기도 한다. 이 수업 세팅과 연대감 안에서 모두가 안전하다고 느끼기를 간절히 바랐다.

인생그래프는 한 사람의 삶을 돌아보는 작업에서 시작했다. 자화상 그리기 때처럼 신나는 분위기보다는 학생들이 삶을 진지하게 들여다보는 시간이기를 바랐다. 떠들지 않고 휴대폰을 들여다보지도 않으며 음악도 틀어놓지 않았다. 참여자들에게 인생에서 가장 오래된 기억으로 돌아가 연대기 순으로 하나씩 적어 보라고 말했다. 어릴 적 기억부터 잊을 수 없는 큰 사건까지 각자의 삶 속 해프닝을 목록으로 적어 보면 각 삶의 다양함과 개성을 확인해 볼 수 있기 때문이다.

이 과정에서 트라우마나 오랫동안 잊고 있었던 행복한 순간이 떠오를 수도 있다. 결과는 예측하기 어렵지만, 어느 방향으로 흐르든 가지가 있다고 믿었다. 이 활동을 진행할 때 난민 여성들이 보여준 집중력과 흥미도는 엄청났다. 예전 수업이 시끌시끌하고 웃음으로 가득 차는 편이었던 데 비해 이번에는 정적만 흘렀다. 누군가가 소리를 내면 다른 참가자가 쉬잇, 하며 분위기를 유지했고 그 모습이 참 좋아 보였다.

리스트를 작성하고 나서는 각자 색지를 골라 가로줄과 세로줄을 그었다. 세로줄에는 5개의 눈금(매우 나쁨-나쁨-보통-좋음-매우 좋음)을 넣었다. 가로줄에는 연대기 순으로 중요했던 사건이 벌어진 시기를 연도별로 썼다. 두 줄이 완성되고 나면 인생의 주요 사건들을 표시하고, 각 지점들을 연결해 그래프를 그렸다. 기본 형태의 그래프가 완성되면, 참가자들은 자유롭게 각 사건이나 그래프와 관련이 있는 그림이나 사물을 그려 넣기도 했다.

이 프로젝트에서 가장 중요한 부분은 '공유'였다. 인생그래프를 다 그리더라도 그 내용을 다른 사람들과 나누는 데에는 상당한 용기가 필요하다. 어렵더라도 중요한 과정을 통해 여성들은 안전지대 밖으로 나가는 연습을 하기에 이르렀다. 한 사람이 삶에서 겪은 일을 받아들이고 공유하는 과정은 힘이 있다. 각자 과거를 인정하고 있는 그대로 받아들이는 연습을 통해 희망하고 바라는 미래를 상상할 힘을 얻었으면 했다.

가장 기억에 남는 성장이 이루어진 때는 바로 인생그래프를 발표하는 순간이었다. 한 난민 여성이 상상조차 할 수 없는 일로 가득한 인생그래프를 용감히 발표했다. 발표 과정에서 두 눈에 눈물이 가득 고이기 시작했다… 어릴 적 트라우마, 강간과 멸시… 그의 말을 들으면서도 도무지 실감이 나질 않았다. 힘겨워하면서도 끝까지 발표를 진행했고 자신감 있게 마무리 짓는 모습을 보여주었다. 다른 참가자들이 박수를 치며 얼마나 용감했는지 격려해주었다. 얼굴에 피어오르는 미소를 보니, 마음 속 응어리로부터 어느 정도 자유로워졌음을 알 수 있었다.

7주라는 시간을 거치면서 우리는 친구가 되었다. 자기의심, 두려움, 걱정을 빠르게 지나쳐 서로의 용기가 되고, 신뢰할 수 있는 사이로 발전했다. 믿음은 내가 만들어 낸 게 아니었다. 나만큼이나 서로가 발전하기를 진심으로 바랐던 참여자들의 동료애에서 나왔다. 학생들이 다 같이 그림을 그릴 때면 멋진 시너지가 피어올랐다. 더 나은 자신을 위해 끊임없이 도전하기 위해 힘을 모으면, 그 과정 안에서 눈에 띄는 성장이 이루어지곤 했다.

솔직히 말해 난민 여성들을 처음 만났을 때 난민이라는 사실을 믿기가 어려웠다. 기존에 상상했던 난민의 모습과 달랐기 때문이다. 난민이라면 피해자에 힘이 없고, 불쌍히 여겨야 하는 존재인 것처럼 그려내는 미디어의 이미지가 나에게 자리 잡고 있었던 것 같다. 실제로 난민을 만나 대화해 보고, 각 참가자들의 이름과 삶에 대하여 들으니 확연히 달라 보였다. 모두 놀라울 정도로 치열하게 살았다는 사실을 깨달았고, 우리는 생각보다 더 많은 공통점을 지니고 있다는 걸 알았다. 난민 여성들의 경험에서 정말 많은 것들을 배웠다. 역시나 고정관념을 극복하면 놀라운 일들이 벌어진다.

스페셜 클래스를 진행하면서 '정상/보통'이라는 개념에 대한 기준이나 이상을 내려놓는 기회를 얻은 듯하다. 그림을 그리고 작품 활동을 하는 건 내게는 평범한 일이지만, 난민들이 나보다 경험이 부족하다고 해서 '열등'하거나 '교육받지 못한' 건 아니다. 내가 춤추는 법이나 아프리카 언어로 노래하는 법을 모른다고 해서 그들보다 모자라지 않다는 말과 똑같다고 생각한다. 우리는 다른 존재이고 달라도 괜찮다. 서로의 스킬이나 의견을 주고받는 과정을 통해 양쪽 모두 새로운 관점과 지식을 배우고, 더 창의적이고 개방적인 마음을 갖도록 도울 수 있다.

난민 여성들이 두려워하지 않고 그림을 그리는 모습을 지켜보았다. 거기에는 옳고 그름이 없었고, 실수를 하더라도 재미있었으며, 조금씩 발전해 나가기도 했다. 이런 순간들은 어릴 적 매주 일요일 눈을 뜨자마자 자유롭고 본능적으로, 행복하게 그림을 그리던 기억을 떠올리게 했다. 예술은 다른 사람보다 우월해지거나 '걸작'을 만드는 단계에서 그치지 않는다는 사실을 깨달았다. 예술은 나를 돕고, 다른 이를 돕는 좋은 도구로 사용될 수 있다. 난민 참여자들에게 지속적으로 전했던 칭찬과 응원의 메시지는 사실 나 자신에게 해주고 싶은 말들이기도 했다. 7주간의 경험을 통해 다시 예술이 지니는 힘을 믿을 수 있게 되었다. 직접 목격한 성장과 변화들을 통해서, 그리고 예술을 통해 이루어진 개인의 발전과 삶에 대한 태도의 변화가 어떻게 공동체 차원에까지 큰 영향을 미쳤는지를 통해서 말이다.

부록

에코팜므×두잉 전시회
〈그리다, 이주여성〉 그림과 이야기
'난민' 그리고 '여성' 이라서 그리게 되는 것들

글쓴이 : 박주연 기자 (일다)

"제가 전하고 싶은 메시지는 '숨쉬기'(Breath)예요. 물고기가 수족관을 벗어나면 살 수 없듯이 난민도 모국을 떠나면 힘든데, 그래도 어떻게든 숨을 쉬어야 하잖아요.

아프리카 여성, 난민여성이라는 정체성을 떠나 우린 다 같은 사람이고, 우리 모두에게 숨쉬기가 필요하다고 생각해요."(미야)

아프리카 콩고, 모로코, 에티오피아와 아시아 몽골에서 온 난민 또는 결혼 이주민이면서 또한 아티스트이기도 한 여성들의 작품 전시가 서울 청담역 근처 페미니즘 북카페 두잉에서 열렸다. 〈그리다, 이주여성〉 전시회의 마지막 날인 지난 3월 28일(목) 저녁, 두잉에서 작가들 중 일부가 직접 참석해 작품에 대해 이야기하는 시간을 가졌다.

작품을 통해 전하고 싶었던 메시지를 '숨쉬기'라고 표현한 미야와, 그림에 대해 이야기하는 내내 작가로서의 정체성을 자랑스럽게 표현한 알리야(가명). 이 두 명의 작가와 열 명 남짓한 사람들이 한 테이블을 공유하며 마주 보고 이야기를 나눴다. 낯설어서 멀게 느껴졌던 '난민여성'이라는 존재가 굉장히 가까이 다가온 시간이었다.

한국어, 영어, 모로코 방언(Darija)이 뒤섞인 대화가 오갔던 시간. 보통 알아들을 수 없는 낯선 언어를 접하면 집중력이 떨어지기 마련인데, 이상하게도 생전 처음 듣는 모로코 방언을 말하는 여성 작가의 눈에서 시선을 뗄 수 없었다. 금방 눈물이 차오를 것 같다가도 힘 있게 그림에 대한 애정을 표현하는 그 눈동자는 시종일관 반짝였다. 그 눈을 바라보는 경험만으로도 그와 나 사이에 놓여있는, '난민'이라는 신분을 구분하는 단어가 사라지는 느낌이었다.

작가들의 눈동자에 담긴 이야기들이 작품 속에 스며들어 있었다. 더 많은 사람들이 그 이야기를 직접 볼 수 있는 날이 오길 바라며 〈그리다, 이주여성〉 전시회에서 본 그림과 작가들의 이야기를 전하려 한다.

낯선 땅 한국에서 아티스트가 되기까지

전시를 기획하고 난민을 비롯한 이주여성들이 그림을 그릴 수 있도록 교육한 곳은 〈에코팜므〉(ecofemme.or.kr)라는 단체다. 난민들을 위해 교육, 상담, 수공예 기술 등을 제공하는 이곳은 '모자이크 아트스쿨'프로그램을 통해 참여자들이 예술성을 발견할 수 있게 돕거나 새로운 기술을 가질 수 있도록 돕고 있다. 또한 좋은 작품으로 상품을 개발하고, 작품 전시를 기획하기도 한다. 〈그리다, 이주여성〉 전시회도 그런 활동의 일환이었다.

지금 에코팜므 활동가이자 아티스트로, 한국에서 살고 있는 미야는 콩고민주공화국 출신의, '보기 드문' 난민인정자이다. (한국에서 난민신청자, 인도적 체류허가자, 난민인정자 중 난민인정자의 수는 3% 정도밖에 되지 않을 만큼 그 비율이 매우 낮다. 관련 기사: 국내 체류 중인 '난민여성'들의 실태는? http://ildaro.com/8346) 오랜 시간 끝에 난민 지위를 인정받을 수 있었지만 그렇다고 해서 한국에서의 삶이 평탄한 건 아니었다.

159

"난민이고 여성이라는 점 때문에 오해를 받는 부분이 많았는데 누구에게 어떻게 이야기해야 할지 몰라서" 답답함을 느끼고 있던 미야는 한국에 왔을 때 한국어 선생님이었던 나비(에코팜프 박진숙 대표)를 통해 그림을 배우게 되었다. 어렸을 때 학교에서 그림을 배웠지만 큰 흥미를 느끼지 못했던 것과 달리, 미야는 "그림을 통해 감정을 표현"하는 방법을 알게 되었다.

"분명 무언가를 느꼈는데 어떻게 표현할지 모를 때 그림을 그리기 시작했어요. 무엇이든 제가 느끼는 걸 그리기 시작했죠. 그 과정은 너무 재미있었고 또 한편으론 그게 저의 '치유 과정'(Therapy)이기도 했어요."

그러면서 예술 전반에 대해 관심을 가지기 시작한 미야는 "아프리카 여성으로서 한국 사람들에게 무엇을 보여 줄 수 있는지"고민했다. "대부분의 사람들은 난민여성들이 많은 걸 하지 못할 거라고 생각하고 무시하기도 하죠. 저 사람은 '난민'이고 '여성'이고 '아프리카 사람'이니까 교육도 못 받았을 것이라고 생각하는 일들이 흔한 편견이에요."

미야에겐 그런 오해와 편견에 맞서는 방법이 그림을 그리는 일이었다. 그리고 그걸 티셔츠, 머그컵, 엽서 등의 상품으로 만들어 판매하면서 자신감을 가질 수 있었다. "사람들이 설사 나를 무시한다 하더라도, 내 작품에 관심을 가진다는 거잖아요. '당신이 산 티셔츠가 아프리카 여성이 만든 티셔츠다', 사람들은 이제 제 작품을 가짐으로써 저의 일부를 같이 공유하는 거죠."

작품을 통해 '아프리카, 난민, 여성'의 삶 일부가 한국 사람들의 삶 안으로 들어간다. 미야는 그렇기에 그림을 계속 그린다고 말했다.

한국에서 본격적으로 아티스트의 삶을 시작한 미야와 달리, 알리야는 모로코에서 살았던 어린 시절부터 그림 그리는 걸 무척 좋아했고 기회가 있을 때마다 그림을 배웠다. 그림을 그릴 수 없는 상황에서도 몰래 그림을 그릴 정도로 아티스트로서 타고난 재능과 열정을 가지고 있었다.

숙제도 안 하고 그림을 그리던 어린 시절의 이야기와, 그림을 배우고 또 그림을 전시하며 겪은 우여곡절을 설명하는 알리야의 목소리엔 당시의 감정들이 실려 있었다. 때론 떨리는 목소리였지만 이야기는 끊기지 않았다. 그만큼 하고 싶은 이야기가 많다는 의미이기도 했다. 한국에서 다시 그림을 그리고 또 새롭게 캘리그라피를 배우고 있다는 알리야는 "한국에서 그림을 그릴 수 있어서 행복하고 그림을 통해 새로운 가족(에코팜므 활동가들)을 만나서 너무 좋다"고 미소를 지었다.

가장 표현하고 싶은 것은 '자유'에 대한 열망

어떤 그림을 그리는 걸 좋아하느냐는 물음에 "여성"이라고 답한 알리야는 "여성을 그려야 내가 가진 많은 감정들을 표현할 수 있다. 여성들이 많은 감정을 가지고 있기 때문"이라고 말하며, 여성이라는 정체성이 자신의 그림에 미치는 영향을 이야기했다.

여성을 달팽이나 꽃으로도 표현한다는 그는 "딱딱한 껍질로 자신을 보호해야 하는 달팽이가 여성과 비슷하다고 생각한다"며, "달팽이 여러 마리가 함께 있는 그림을 '여성의 연대'로 표현하고 싶었다"고 덧붙였다. "우리가 어떤 인종이든 간에 우린 하나죠.

각자가 겪는 어려움과 고민이 다 다르지만 그래도 우린 여성으로서 연대할 수 있다고 생각해요."

난민'그리고 '여성'으로서 겪는 상황이 작품에 어떤 영감을 주는지 이야기가 이어졌다. "처음 그림을 그리게 된 것도 (난민의 위치에서) 자유, 희망 등을 표현하고 이야기하고 싶었기 때문"이라고 말한 미야는 '아프리카 여성'이라는 점도 그림에 영향을 미친다고 했다.

"작품의 모티브를 생각할 때나 색을 정할 때 그런 영향을 받는 것 같아요. 아프리카에선 정말 많은 직물(Fabric)이 있고 아프리카 여성들은 정말 화려하거든요(Colorful). 그러니까 어렸을 때부터 저도 저의 할머니, 엄마, 여자 형제들이 가졌던 화려함을 봤었고 분명 그게 저에게 영향을 줬다고 생각해요."

알리야 또한 모로코에서 겪었던 경험과 난민으로서 한국에서 경험한 일들이 그림에 영향을 미쳤다고 했다. "북아프리카의 베르베르인, 특히 여성들이 타투나 헤나로 많이 하는 심볼이 있는데 자유를 의미하거든요. 그 심볼이 제 그림에 들어가 있기도 해요."

아티스트, 디자이너 그리고 사업가이기도 한 난민여성들.

이 아티스트들이 '난민'과 '여성'이라는 점을 극대화해서 작품을 만드는 건 아니다. 작품으로 상품을 만들어 판매를 하는 만큼 비즈니스 측면에서 '상품성'도 고려한다. 한국인의 취향이나 기호도 어느 정도 고려한다는 뜻이다. 예술 활동을 하는 것 이상으로 이 활동이 난민여성들의 자립을 돕는 경제적 활동으로 연결되어야 하기 때문이다.

처음 그림을 배울 때, 미키마우스를 그리거나 아프리카 정글을 그려 보라고 했더니 '난 도시 출신이야!'라고 말해서 한국인 활동가들을 당황하게 만들었다는 미야. 이제 그녀는 자신이 가진 것들 중 어떤 점을 그림으로 표현하고 살려야 하는지 감을 잡고 있다. "다양한 아이디어가 있어야 해요. 그림을 그릴 땐 아프리카의 취향과 한국의 취향을 잘 고려해서 여러 버전으로 그리거든요. 그리고 어떤 걸 상품화할지 고르죠."

더 많은 난민을 비롯한 이주여성들을 위한 플랫폼을 만들고 싶다는 꿈을 밝힌 미야는 "많은 여성들이 다양한 능력이 있음에도 지금은 그걸 보여 줄 기회가 없어요. 난민을 비롯한 이주여성들은 그저 애들을 키우는 존재로 여기거나, 다른 능력이 없다고 생각하죠."라고 말하며 아쉬움을 토로했다. "많은 여성들에게 영감을 주고 싶다"고 얘기하는 마야. "여전히 나도 배울 게 많다"는 말은 '우리, 같이 배우자'는 제안으로 들리기도 했다.

아직 '난민인정자'가 아닌 탓에 한국에서의 삶이 불안정하지만 알리야는 그럼에도 그림을 그릴 수 있어서, 좋은 사람들을 만나서 행복하다고 웃었다. "이뤄질 수 없는 꿈이라고 하더라도 이 세상에 전쟁이 사라지기를, 그리고 모든 난민여성들이 안전한 삶을 살 수 있기를 꿈꾼다"는 그의 말엔 '웃으며 피-쓰(평화)를 외치는 일'과는 차원이 다른 무게가 느껴졌다.

미야의 그림 중 하나인 물고기 시리즈엔 '외부인'으로서 한국 사회에 들어왔을 때 느꼈던 생각들도 담겨 있었다. 주변을 볼 틈도 없이 모두 앞만 바라보고 너무나 바삐 살아가는 한국인들에게 '서로 다른 방향으로 자유롭게 움직여도 괜찮다'는 의미를 담았다는 그 그림은 바라보는 것으로도 마음이 따뜻해지는 에너지가 있었다. 한편으론 낯선 땅에서 자신의 자리를 만들어 내기 위해 혼자 여러 방향으로 움직여 본 경험이 있기 때문에 그런 시선을 가질 수 있었던 게 아닐까 싶었다.

난민을 비롯한 이주여성들의 그림을 하나둘 깊이 바라보고 있다 보니, 그림 속에서 나의 일부가 보였다. 내가 어떤 순간에 느꼈던 감성과 생각이 그 그림들 속에도 있었다. 나와 전혀 다른 세상에서 전혀 다른 삶을 산다고 생각했던 난민을 비롯한 이주여성들의 삶에도 내가 있었다. 단지 내가 그들을 보지 않았을 뿐이었던 거다. '우리는 하나'라는 말은 때론 모호하고 공허하게 느껴지기도 하지만, 이날은 작가들의 이 말이 마음을 뜨겁게 채웠다. 이렇게 또 새로운 동료가 늘었다.

공동출간에 참여해 주신 모든 분들께 깊이 감사드립니다.

강성욱 김경아 김규환 김상아 김소연 김아람 김은미 김재신 김종철 김지하 김진주 김혜미 김혜영
김혜옥 남궁우 내일의커피 류기인 모두리 박미현 박에스더 박정훈 박진숙 배상필 서동인(박영미)
서정연 손정훈 신소윤 신용주 신지현 안현아 오영윤 오혜정 이낙규 이동희 이명희 이보미 이상민
이유민 이유혁 이은혜 이은화 이종연 이진숙 이찬희 장경진 전윤주 전지영 정서희 정은진 조혜전
최순민 최은 허나윤 MURIEL NDOLO

저도 난민은 처음입니다만

초판 1 쇄 발행 2019 년 9 월 1 일

지은이 · 박진숙
기획 / 편집 · 에코팜므
교정교열 · 최유진
발행인 · 이낙규
발행처 · ㈜샘앤북스 - 맑은나루
　　　　　신고 제 2013-000086 호
　　　　　서울시 영등포구 양평로 22 길 16, 201 호
　　　　　Tel. 02-323-6763 / Fax. 02-323-6764
　　　　　E-mail. wisdom6763@hanmail.net

ISBN 979-11-5626-226-8　03330

이 도서의 국립중앙도서관 출판예정도서목록 (CIP) 은 서지정보유통지원시스템 홈페이지 (http://seoji.
nl.go.kr) 와 국가자료공동목록시스템 (http://www.nl.go.kr/kolisnet) 에서 이용하실 수 있습니다.
(CIP 제어번호 : CIP2019033795)